C++ Programmierung f

Gewidmet meiner Freundin, meinen Eltern, meiner Oma und meiner Schwester.

C++ Programmierung

für Anfänger

Florian Wollenschein

BoD

Bibliografische Information Der Deutschen Bibliothek

Die Deutsche Bibliothek verzeichnet diese Publikation in der Deutschen
Nationalbibliografie, detaillierte bibliografische Daten sind im Internet über
<http://dnb.ddb.de> abrufbar.

Umwelthinweis:
Dieses Buch wurde auf chlor- und säurefreiem Papier gedruckt.

ISBN: 3-8334-2216-5

©2004 Florian Wollenschein
Herstellung und Verlag: Books on Demand GmbH, Norderstedt
Covergestaltung: Florian Wollenschein
Printed in Germany

Inhaltsverzeichnis

Vorwort

Ich freue mich, dass Sie sich dazu entschieden haben C++ zu lernen. Vielleicht haben Sie bereits Grundkenntnisse in der Computerprogrammierung; wenn nicht macht das aber auch nichts, denn all dies lernen Sie mit diesem Buch.

Ich hoffe Sie finden viel Freude daran, C++ zu lernen und werden damit weitermachen. Sie lernen in diesem Buch keine Windowsprogrammierung oder ähnliches, sondern nur pures C++.

Um C++ zu lernen ist es besser einfache Konsolenprogramme (also ohne Fenster oder ähnliches) zu programmieren, da man sich dort voll auf C++ konzentrieren kann.

Wenn Sie jedoch C++ beherrschen, wird es kein Problem für Sie sein Programme mit einer GUI ("Grafische Benutzerober-fläche") zu entwickeln.

Nun wünsche ich Ihnen viel Spaß beim erlernen von C++,

Ihr

Florian Wollenschein, Oktober 2004.

Einleitung

Bevor wir uns mit der Programmierung an sich beschäftigen, wollen wir noch etwas über die Geschichte von C++, die Hintergründe, usw. erfahren.

1. Ein wenig Geschichte

C++ ist eine Erweiterung der Programmiersprache C. C++ wurde in den frühen 1980ern von Bjarne Stroustrup bei den AT&T Bell Laboratories entwickelt. Er wollte C objektorientiert machen (was das heisst lernen Sie später). Daher hiess C++ zuerst "C with classes" (C mit Klassen).

Mittlerweile ist C++ die wohl ausgereifteste und verbreiteste, aber auch komplexeste Programmiersprache.

1998 wurde mit ANSI C++ ein Standard geschaffen, der es erlaubt, dass ein C++ Programm auf jeder Plattform (Windows, Linux, etc.) funktioniert.

2. Was bedeutet Programmierung?

Ein Computer kann weder denken, noch selbst Entscheidungen treffen. Das heisst, dass ein Mensch einem Computer Befehle geben muss, damit er macht, was er machen soll. Dies geschieht durch die Programmierung des Computers bzw. von Programmen für Computer.

Man benutzt dazu Programmiersprachen, wie z.B. C++.

3. Was kann man mit C++ programmieren?

Mit C++ kann man grundsätzlich alles programmieren, vom kleinen Kreisumfangsberechner über Spiele bis hin zu ganzen Betriebssystemen, wie Wndows oder Linux.

Natürlich wird man als Anfänger erst einmal kleine Programme schreiben, die noch nicht viel machen, aber wenn Sie sich in C++ auskennen, können Sie nahezu alles damit programmieren.

4. Was heisst Objektorientierung?

Objektorientiertes Programmieren, oder auch OOP (ObjectOriented Programming) ist ein Konzept der Programmierung, das an die Denkweise eines Menschen angepasst ist. Der Mensch kategorisiert. Wir unterscheiden zum Beispiel zwischen einem Fahrrad und einem Auto, beides sind jedoch Fahrzeuge.

Dieses Beispiel ist etwas abstrakt, aber so kann man sich die OOP vorstellen; man erstellt ein Fahrzeug und "§sagt" diesem Fahrzeug, dass es fahren kann und wie es fahren kann.

Wenn wir später zu Klassen kommen werden Sie dieses Beispiel sicher besser verstehen.

5. Syntax

Unter der Syntax einer Programmiersprache versteht man deren "Rechtschreibung", das heisst, wenn alle Befehle richtig geschrieben sind ist das Programm syntaktisch korrekt.

Tritt einmal ein Tippfehler auf, wird dies von dem Compiler moniert und er gibt eine Fehlermeldung aus.

Beachten Sie, dass auch ein Programm ohne Tippfehler nicht immer korrekt läuft, da es auch logische Fehler gibt, die dann nicht mal vom Compiler erkannt werden (können). Später, wenn Sie die Syntax von C++ beherrschen, werden Ihnen oft logische und kaum syntaktische Fehler widerfahren.

6. Programme

Um in C++ zu Programmieren benötigen Sie entweder folgende Programme:

-Texteditor
-Compiler
-Linker

Oder eine Integrierte Entwicklungsumgebung (IDE), wie Visual C++ von Microsoft. In einer IDE haben Sie alle Programme sozusagen zusammengefasst.

Lassen Sie uns nun einen Blick auf diese drei Programme werfen:

Texteditor

Mit dem Texteditor wird der Quelltext aufgesetzt, also der C++-Code geschrieben. Man kann theoretisch jeden Editor dafür nehmen, sogar den Windows Editor. Achten Sie jedoch darauf, dass dieser Editor "nur Text"-Dateien erzeugt (erzeugen kann), denn Sie müssen den Quelltext so abspeichern.

Compiler

Der Compiler wandelt den von uns geschriebenen Quelltext in ein für den Computer lesbares Format um (also Nullen und Einsen). Da höhere Programmiersprachen, wie C++, Java,VisualBasic, usw. an natürliche Sprachen (meist Englisch) angelehnt sind, kann der Computer dies natürlich nicht „verstehen". Dafür haben wir aber unserern Compiler.

Gute Compiler sind zum Beispiel:

-DevC++
-Borland C++ Compiler
-GNU C++ Compiler

Linker

Der Linker erstellt aus dem vom Compiler erstellten Code ein ausführbares Programm. Der Linker ist normalerweise in den Compiler integriert.

Mit diesen Programmen sind Sie nun in der Lage, dieses Buch durchzuarbeiten und C++ zu lernen.

Hinweis:
Im Anhang finden Sie Internetadressen, unter denen Sie verschiedene Compiler herunterladen können.

7. Vorraussetzungen

Sie benötigen eigentlich kaum Vorraussetzungen, um mit diesem Buch zu Arbeiten. Sie sollten sich natürlich mit Ihren Programmen, usw. vertraut machen, aber dann kann es schon losgehen.
Es ist auch nicht nötig, erst C zu lernen. Ich, wie auch viele andere, empfehle Ihnen sogar, nicht zuerst C zu lernen. Es ist besser, wenn Sie direkt mit C++ beginnen.

1 Hallo Welt

Da es mittlerweile schon fast Tradition ist, ein Buch über Programmierung mit einem Programm zu beginnen, das "Hallo Welt!" auf den Bildschirm ausgibt, werde ich es hier genauso machen.

Ich hoffe, Sie haben all Ihre Programme eingerichtet und sich schon ein wenig damit vertraut gemacht. Dann kann es jetzt losgehen.

Tippen Sie in Ihrem Texteditor folgendes ein:

```cpp
#include <iostream>
using namespace std;

int main()
{
        cout << "Hallo Welt!" << endl;

        return 0;
}
```

Speichern Sie den Quelltext jetzt mit der Endung ".cpp" ab.
(C++ Quelltext-Dateien haben fast immer die Endung .cpp,
sehen Sie aber bitte in der Dokumentation Ihres Compilers
nach welche Endung die Dateien haben müssen.)

Kompilieren und linken Sie nun das Programm und starten Sie
es.
Sie sehen, dass "Hallo Welt!" ausgegeben wird. Das ist noch
nicht viel, aber fast jeder Programmierer hat einmal so ange-
fangen.

Hinweis:
Sollte sich das Fenster sofort wieder Schliessen, geben Sie am
Ende vor `return 0;` folgendes ein: `cin.get();`, dadurch
wartet das Programm auf einen Tastendruck und es wird nicht
sofort geschlossen.

Lassen Sie uns unser erstes C++-Programm nun analysieren.
Dazu gebe ich den Quelltext nun mit Zeilennummerierung
wider, diese dürfen Sie jedoch nicht eingeben, da dies zu Feh-
lern führen würde.

Listing 1.1:

```
1: #include <iostream>
2: using namespace std;
3:
4: int main()
5: {
6:     cout << "Hallo Welt!" << endl;
7:
8:     return 0;
9: }
```

In Zeile 1 binden wir mit der Präprozessoranweisung
`#include` die Datei `iostream` in unseren Quelltext ein.
`iostream` gehört zum Lieferumfang eines Compilers und
bietet unter anderem die Möglichkeit, Zeichen auf den Bild-

18

schirm auszugeben oder Eingaben der Tastatur entgegen zu nehmen.

Mit `#include` wird diese Datei also in unseren Quelltext eingefügt, so als hätten wir ihren gesamten Inhalt selbst eingegeben.

An der Raute (#) erkennen Sie, dass es sich bei `#include` um eine Präprozessoranweisung handelt.

In der zweiten Zeile geben wir an, dass wir den Namespace `std` verwenden möchten, std ist die Abkürzung von Standard und bezeichnet einen Namensbereich (Namespace). Namensbereiche verwendet man, da es passieren kann, dass es mehrere Funktionen, die gleich lauten gibt. Durch Namespaces wird eine Überschneidung dieser Funktionen vermieden, da man diesen noch zusätzlich angeben muss.

Durch `using namespace std;` ersparen wir uns aber diese Arbeit und es wird automatisch dieser Namespace verwendet.

In Zeile 4 beginnt dann unser eigentliches Programm. Jedes C++-Programm benötigt eine `main`-Funktion. Diese Funktion wird beim Start des Programms automatisch ausgeführt.

Die `main`-Funktion beginnt mit dem Schlüsselwort `int`; int steht für integer (Ganzzahl) und bezeichnet hier den Typ des Rückgabewerts der Funktion. Der Rückgabewert einer Funktion gibt oft Auskunft darüber, ob sie erfolgreich beendet werden konnte oder nicht.

Als nächstes folgt der Name der Funktion, hier also `main`, gefolgt von der Parameterliste. Da wir hier keine Parameter verwenden bleiben die Klammern leer. Normalerweise werden in der Parameterliste Werte übergeben, mit denen die Funktion dann arbeitet.

Da der nun folgende Quelltext zu `main` gehört wird er in geschweifte Klammern ({ }) eingeschlossen. Dies ist bei allen Funktionen erforderlich.

Die Ausgabe von "Hallo Welt!" erfolgt in Zeile 6. Dazu geben wir zuerst `cout` ein. `cout` ist ein Objekt aus `iostream` und sorgt für die Ausgabe von Text. `cout` steht für Console Output, also Konsolenausgabe. Auf cout folgt der Umleitungsoperator (`<<`), damit geben wir an, dass der folgende Text zu `cout` hin (also auf den Bildschirm) geleitet wird.

Nun folgt die Zeichenkette (String), die ausgegeben werden soll in Anführungszeichen und ein weiteres mal der Umleitungsoperator gefolgt von `endl`. `endl` bedeutet end (of) line und sorgt für einen Zeilenumbruch.

Als letztes folgt hier ein Semikolon; alle Anweisungen in C++ müssen mit einem Semikolon abgeschlossen werden.

In Zeile 8 schließlich wird mit `return 0;` der Wert 0 an das Betriebssystem zurückgegeben und die schließende geschweifte Klammer gesetzt, unser Programm ist damit beendet.

Hinweis:
Beachten Sie, dass C++ casesensitive ist, also zwischen Groß- und Kleinschreibung unterscheidet. Es ist außerdem nicht nötig, den Quelltext zu formatieren, dass heisst zum Beispiel jede neue Anweisung in eine neue Zeile zu schreiben. Sie könnten Listing 1.1 auch wie folgt schreiben:

```
#include <iostream>
using namespace std;
int main(){
cout << "Hallo Welt!" << endl;
return 0; }
```

Da dies aber gerade bei größeren Programmen sehr unübersichtlich ist, sollten Sie Ihren Quelltext gut lesbar formatieren.

Kommentare

Kommentare verwendet man, um den Quelltext eines Programms zu erläutern. Stellen Sie sich vor Sie schreiben ein Programm mit mehreren hundert Zeilen Code; wollen Sie nach ein paar Wochen oder Monaten etwas verändern, wird es Ihnen unter Umständen schwer fallen Ihren eigenen Quelltext zu verstehen. Ebenso ist es, wenn jemand anders etwas an Ihrem Programm verändern soll; ohne Kommentare wird er den Code auch kaum verstehen. Daher verwenden Sie immer Kommentare, wo es nötig ist.

In C++ gibt es zwei Arten von Kommentaren; den Einzeiligen und den Mehrzeiligen.

Listing 1.2:

```
1: #include <iostream>
2: using namespace std;
3:
4: /*
5:     Hier beginnt unser
6:     eigentliches Programm
7: */
8:
9: int main()
10: {
11:     // "Hallo Welt" ausgeben
12:     cout << "Hallo Welt!" << endl;
13:
14:     return 0;
15:     /* Unser Programm ist beendet */
16: }
```

In Zeile 4 beginnt ein mehrzeiliger Kommetar. Dieser wird mit /* eingeleitet und mit */ beendet. Alles was dazwischen steht ist ein Kommentar und wird vom Compiler ignoriert.

In Zeile 11 folgt ein einzeiliger Kommetar; alles was in der Zeile nach // steht wird als Kommentar behandelt.

In Zeile 15 sehen Sie, dass Sie auch mehrzeilige Kommentare auf eine Zeile schreiben können.

<u>Übungen</u>

1.   Was ist bei den folgenden Quellcodeausschnitten falsch?

a) `cout << "Hallo Welt" << endl`

b) `include <iostream>`

c)
```
int main
    {
        ...
    }
```

d) `cout << Hallo Welt << endl;`

Die Antworten zu diesen und folgenden Übungen finden Sie im Anhang.

2 Konstanten und

Variablen

Als nächstes wollen wir uns ansehen, wie man in C++ Daten speichern und nutzen kann.

1 Numerische Konstanten

Zuerst sehen wir uns die wohl einfachsten Konstanten an, die numerischen Konstanten.

Hinweis:
Konstanten zeichnen sich dadurch aus, dass sie während das Programm läuft immer ihren Wert behalten, er also nicht verändert werden kann.

Listing 2.1:

```
1: #include <iostream>
2: using namespace std;
3:
4: int main()
```

```
5: {
6:      cout << 3   << endl;
7:      cout << 4+6 << endl;
8:
9:      return 0;
10: }
```

Die nummerischen Konstanten in Listing 2.1 sind die Zahlen
3, 4 und 6. In Zeile 7 wird jedoch, wenn Sie das Programm
ausführen 10 ausgegeben. Das liegt daran, dass der Compiler
den Ausdruck 4+6 bereits vorher ausführt, also 4 und 6 ad-
diert.

Beachten Sie auch, dass die Zahlen in diesem Listing wie
Zahlen behandelt werden, während bei cout << '3' <<
endl; die 3 als Zeichen behandelt wird, da sie in Anführungszeichen steht.

2 Fließkommakonstanten

Bei numerischen Konstanten unterscheidet man zwischen
ganzzahligen und Fließkommakonstanten.

Fließkommakonstanten werden in C++ mit einem Punkt und
nicht, wie bei uns üblich, mit einem Komma geschrieben.

Listing 2.2:

```
1: #include <iostream>
2: using namespace std;
3:
4: int main()
5: {
6:      cout << 1/2     << endl;
7:      cout << 1.0/2.0 << endl;
8:
9:      return 0;
10: }
```

Wenn Sie dieses Programm eingeben, kompilieren und ausführen werden Sie feststellen, dass zuerst 0 und dann 0.5
ausgegeben wird. Das erste Ergebnis scheint falsch zu sein.
Dieses Verhalten lässt sich jedoch leicht erklären:

Da wir 1/2 eingegeben haben und diese beiden Zahlen Ganzzahlen sind, wird auch der Compiler die Zahlen als Ganzzahlen betrachten und folglich auch das Ergebnis; Das heisst, er
schneidet die Nachkommastelle(n) einfach ab.

In Zeile 7 geben wir jedoch ausdrücklich Fließkommakonstanten an und nun wird der Compiler auch das Ergebnis als
Fließkommazahl betrachten und gibt das richtige Ergebnis aus.

Also merken Sie sich folgendes:
Wenn das Ergebnis einer Berechnung eine Fließkommazahl
wird (werden kann), müssen Sie auch die Ausgangszahlen in
der Berechnung als Fließkommazahlen definieren.

3 Zeichenkonstanten

Zeichenkonstanten sind einzelne Zeichen, die Sie direkt dort
eingeben, wo sie vom Programm benutzt werden.

Listing 2.3:

```
1: #include <iostream>
2: using namespace std;
3:
4: int main()
5: {
6:     cout << 'F';
7:
8:     return 0;
9: }
```

Wie unschwer zu erkennen, ist hier F die Zeichenkonstante. Einzelne Zeichen in C++ werden in einfache Anführungszeichen gesetzt.

An dieser Stelle halte ich es für angebracht auf Steuerzeichen einzugehen..

Listing 2.4:

```
1: #include <iostream>
2: using namespace std;
3:
4: int main()
5: {
6:     cout << "F\n";
7:     cout << '\n';
8:
9:     return 0;
10: }
```

Wenn Sie das Programm ausführen, sehen Sie, dass nach F zwei Zeilenumbrüche erfolgen. Dies erreichen wir durch das sogenannte Steuerzeichen \n.
Steuerzeichen beginnen in C++ immer mit einem \ (Backslash).

Steuerzeichen:

Steuerzeichen	Bedeutung
\a	Signalton (PIEP)
\b	Backspace
\f	Seitenvorschub
\n	Zeilenvorschub
\r	Return
\t	Tabulator hori-

	zontal
\v	Tabulator verti-kal
\"	Doppeltes Anführ-ungszeichen
\'	Einfaches Anführ-ungszeichen
\\	Backslash

Probieren Sie die Steuerzeichen selbst aus. Achten Sie darauf, dass Steuerzeichen in C++ immer in einfachen Anführungs-zeichen stehen, da sie wie ein Zeichen behandelt werden.

4 Zeichenkettenkonstanten

Sie haben bereits in Ihrem ersten Programm eine Zeichenkette benutzt ("Hallo Welt!"). Zeichenketten, die auch Strings ge-nannt werden, sind mehrere Zeichen, die in doppelte Anführ-rungszeichen eingeschlossen sind.

In C++ ist es möglich, lange Zeichenketten auf mehrere Zeilen zu verteilen.

Listing 2.5:

```
1: #include <iostream>
2: using namespace std;
3:
4: int main()
5: {
6:     cout << "Dies ist eine "
7:             "lange Zeichenkette,\n"
8:             "die auf mehrere Zeilen "
9:             "verteilt wurde.\n";
10:
11:    return 0;
12: }
```

Beachten Sie hierbei, dass im ausgeführten Programm nicht dort ein Zeilenumbruch auftritt, wo er im Quelltext auftritt, sondern da, wo das Steuerzeichen \n steht.

5 Datentypen in C++

Wir werden uns gleich mit symbolischen Konstanten und Variablen beschäftigen, daher müssen wir uns nun die Datentypen, die in C++ integriert sind ansehen.
Tabelle 5.1 zeigt die grundlegenden Datentypen, ihre Größe in Byte und ihren Wertebereich.

Tabelle 5.1:
Datentypen in C++

Datentyp	Größe in Byte	Wertebereich
bool	1	true oder false
char	1	256 verschiedene Zeichen
short	2	-32768 bis +32767
int	4	-2147483648 bis +2147483647
float	4	3.4E+/-38
double	8	1.7E+/-308

Sollten Sie noch nicht wissen was ein Byte ist, lesen Sie bitte die folgende Erklärung.

Bits und Bytes

Die kleinste Informationseinheit eines Computers ist ein Bit (Binary Digit = Binäre Ziffer); ein solches Bit ist entweder 1 oder 0.
0 steht dabei für "Strom aus", 1 für "Strom an". Der Computer kann nur diese beiden Zustände unterscheiden bzw. lesen.

Ein Byte ist eine Kette von 8 Bit. Also zum Beispiel 01101001, diese Binäre Zahl ist Dezimal 105.

Mit einem Byte kann man 256 verschiedene Zeichen (Zahlen, etc.) darstellen, von 00000000 (Dezimal 0) bis 11111111 (Dezimal 255).
Dadurch können Sie leicht den Wertebereich der Datentypen ermitteln.
Die Berechnung einer Binärzahl erfolgt wie folgt:

... $1*2^3 + 0*2^2 + 1*2^1 + 1*2^0$

Bedenken Sie, dass 2^0 (2 hoch 0) 1 ergibt.

Auf dieser Grundlage können wir uns nun wieder den Datentypen zuwenden.

Datentypen (Fortsetzung)

Im Typ `bool` kann man entweder `true` (wahr) oder `false` (falsch) speichern. Er dient also für Entscheidungen.

`char` kann ein Zeichen des ASCII-Zeichensatzes (siehe Anhang) aufnehmen.

`int` und `short` sind Datentypen, die Ganzzahlen aufnehmen können. int steht für integer (Ganzzahl), `short` für short integer, also kurze Ganzzahl. Daran erkennen Sie bereits, dass `int` wesentlich größere Werte aufnehmen kann als `short`. `short` verbraucht hingegen weniger Speicher.

In `float` und `double` werden Fließkommawerte gespeichert, wobei `double` für doppelte Genauigkeit steht. Dies bezieht sich auf die Nachkommastellen, von denen in `double` mehr dargestellt werden können.

6 Symbolische Konstanten

Die Konstanten, die Sie bisher benutzt haben waren literale Konstanten. Bei literalen Konstanten schreibt man den Wert direkt an die Stelle im Quelltext, wo man ihn benötigt.
Symbolische Konstanten hingegen werden über einen Namen angesprochen, den man vorher definiert.

Schreibt man zum Beispiel ein Rechenprogramm, das unter anderem den Umfang eines Kreises berechnen soll benötigt man die Konstante Pi.
Da Pi 3,14159 ist, wäre es aufwändig und fehleranfällig immer diese Zahl direkt in den Quelltext zu schreiben.

Man schreibt daher :

```
const float PI = 3.14159f;
```

Damit definiert man die `float`-Konstante `PI`. In C++ sollten Sie Konstantennamen stets groß schreiben, damit man sofort erkennt, dass es sich um eine Konstante handelt.

Konstanten definiert man in C++ mit dem Schlüsselwort `const`, gefolgt von dem Datentyp, dem Namen und dem Wert. Konstanten müssen direkt bei ihrer Erstellung (Deklaration) mit einem Wert belegt werden (Initialisierung).

Beachten Sie auch das f hinter der Zahl; es sorgt dafür, dass der Compiler die Zahl als float betrachtet, da er standardmäßig double verwendet, was in diesem Fall aber Speicherverschwendung wäre.

Listing 6.1 zeigt ein Programm, das den Umfang eines Kreises berechnet.

Listing 2.6:

```
1: #include <iostream>
2: using namespace std;
3:
4: int main()
5: {
6:     const float PI = 3.14159f;
7:     const float RADIUS = 6.0f;
8:
9:     cout << "Umfang des Kreises: "
10:          << 2*PI*RADIUS << endl;
11:
12:     return 0;
13: }
```

In den Zeilen 6 und 7 definieren wir zwei Konstanten vom Typ float und geben ihnen Werte.

In den Zeilen 9 und 10 geben wir dann über cout den Umfang des Kreises aus; die Berechnung dazu steht direkt in cout.

Sie erkennen mit Sicherheit den großen Vorteil von symbolischen Konstanten; wenn Sie ein Programm schreiben, in dem zum Beispiel sehr oft der Wert 6.0 für den Radius auftaucht und Sie wollen diesen Wert verändern, so müssen Sie dies nicht an jeder Stelle im Quelltext tun, sondern einfach die Konstante RADIUS definieren und ihr einen Wert zuweisen.

7 Variablen

Wie Sie gerade gelesen haben kann man Konstanten während das Programm läuft keinen neuen Wert zuweisen; dazu braucht man Variablen. Variablen können Sie immer wieder neue Werte zuweisen.
Sie werden genau wie Konstanten, aber ohne `const`, deklariert.

```
int Zahl;
Zahl = 10;
```

Einer Variablen müssen Sie, im Gegensatz zu einer Konstanten, nicht direkt einen Wert zuweisen. Sie können dies überall im Programm machen.

Natürlich können Sie es dennoch tun.

```
int Zahl = 10;
```

Listing 2.7:

```
#include <iostream>
using namespace std;

1: int main()
2: {
3:     int Zahl = 10;
4:     cout << "Zahl hat den Wert "
5:          << Zahl << endl;
6:
7:     Zahl = 15;
8:
9:     cout << "Zahl hat den Wert "
10:          << Zahl << endl;
11:
12:     return 0;
13: }
```

In Zeile 3 wird die `int`-Variable `Zahl` deklariert und mit dem Wert `10` initialisiert. Nun wird in Zeile 4 und 5 der Wert von `Zahl` ausgegeben und `Zahl` in Zeile 7 der neue Wert `15` zugewiesen. Daraufhin wird der Wert wieder ausgegeben.
Sie sehen, dass man einer Variablen zur Laufzeit des Programms immer wieder neue Werte geben kann.

Global und Lokal

Es gibt in C++ globale und lokale Variablen.
Global heisst in diesem Zusammenhang, dass die Variable im gesamten Programm zur Verfügung steht; sie werden meist am Anfang des Programms deklariert.

Lokale Variablen werden hingegen in einer Funktion (z.B `main()`) deklariert und stehen nur innerhalb dieser Funktion zur Verfügung.

Speicher für globale Variablen wird während der gesamten Laufzeit reserviert, während der Speicher für lokale Variablen erst reserviert wird, wenn man in die Funktion, wo sie deklariert ist eintritt; nach dem Verlassen dieser Funktion wird der Speicher wieder freigegeben.

signed und unsigned

Es gibt zwei wichtige Modifizierer für Konstanten und Variablen,

`signed` und `unsigned`.

Mit `signed` gibt man an, dass der Wert einer Variablen oder Konstanten ein Vorzeichen hat (haben kann), also negativ sein kann.

33

unsigned sagt dem Compiler, dass der Wert nur positiv (nicht vorzeichenbehaftet) sein kann.

Dies ist wichtig, da man mit unsigned größere Werte benutzen kann. Sie wissen bereits, dass eine int-Variable Werte von –2147483648 bis +2147483647 aufnehmen kann.
Wenn Sie nun diese Variable als unsigned deklarieren (unsigned int Zahl;) steht Ihnen ein Wertebereich von 0 bis 4294967295 zur Verfügung.
Genauso ist es bei den anderen Datentypen, unsigned short kann zum Beispiel Werte von 0 bis 65535 aufnehmen.

Verwendet man weder signed noch unsigned ist der Wert immer automatisch signed.

Type Casting

Sie haben in C++ die Möglichkeit einen beliebigen Datentyp in einen anderen Datentyp umzuwandeln. Haben Sie zum Beispiel in einem Programm eine short-Variable mit dem Wert 100 definiert und wollen dieser Variablen den Wert 100.5 zuweisen, so ist dies nicht ohne weiteres möglich, da short keine Fließkommawerte aufnehmen kann. Daher wandelt man die short-Variable in eine float-Variable um (casten).

Lassen Sie uns ein kurzes Beispiel ansehen.

```
short x = 100;
cout << x << endl;
cout << x + 0.5 << endl;
```

Die dritte Zeile ist hier ungültig; wir müssen also die Variable x zuerst casten. Dies geschieht wie folgt:

```
cout << float(x) + 0.5 << endl;
```

Hier wird die Variable x zuerst in eine `float`-Variable umgewandelt, zu der man `0.5` hinzuaddieren kann.

Die Variable in Klammern wird immer in den Typ, der vor den Klammern steht umgewandelt.

typedef

In C++ haben Sie die Möglichkeit den eingebauten Datentypen neue Bezeichnungen zu geben. Verwenden sie beispielsweise in einem Programm häufig Variablen vom Typ `unsigned short`, ist es sehr aufwändig `unsigned short` immer ganz auszuschreiben. Um dort Abhilfe zu schaffen, schreiben Sie folgendes:

```
typedef unsigned short USHORT;
```

Mit dieser Anweisung wird die neue Bezeichnung `USHORT` als "Synonym" für `unsigned` short erzeugt. Wann immer Sie eine `unsigned short` Variable benötigen können Sie nun einfach

```
USHORT shortVariable = 10;
```

schreiben. Es erspart Ihnen also viel Tipparbeit.

Dies ist auch mit allen anderen Schlüsselwörtern in C++ so.

8 Konstanten mit #define

`#define` ist, wie Sie an der Raute sehen, eine Präprozessoranweisung. Wir werden uns jetzt ansehen, wie man mit `#define` Konstanten definiert.

Listing 2.8:

```
1: #include <iostream>
```

```
2: using namespace std;
3:
4: #define PI      3.14159
5: #define RADIUS 6
6:
7: int main()
8: {
9:     cout << "Umfang des Kreises: "
10:          << 2*PI*RADIUS << endl;
11:
12:     return 0;
13: }
```

Zuerst gibt man #define ein, dann folgt der Name der Konstante und ihr Wert. Achten Sie darauf, dass hinter dem Wert kein Semikolon steht, da es sich um eine Präprozessoranweisung handelt.

Der Präprozessor ersetzt nun jedes Vorkommen der Konstante durch ihren Wert, es wird also kein Speicher verbraucht, da es eine einfache Textersetzung ist.

Hinweis:
Sie sollten in Ihren Programmen nach Möglichkeit die Variante mit const vorziehen, da man dort einen Typ angeben kann und der Compiler so besser feststellen kann, ob die Konstante richtig verwendet wird, usw.

Übungen

1. Was stimmt hier nicht?

a) cout << "F";
b) cout << '/n';
c) const short PI = 3.14159;
d) short x = 65300;
e) #define Z 100;

cin

Bevor wir zu Anweisungen, Ausdrücken und Operatoren kommen, legen wir noch einen kleinen Zwischenstop ein.
Ich möchte Ihnen zeigen, wie man Eingaben von der Tastatur entgegennimmt.
Dazu benutzen wir `cin`.

Listing 2.9:

```
1: #include <iostream>
2: using namespace std;
3:
4: int main()
5: {
6:     int eingabe;
7:
8:     cout << "Geben Sie eine Zahl ein: ";
9:
10:    cin >> eingabe;
11:
12:    cout << "Sie haben "
13:        << eingabe
14:        << " eingegeben.\n";
15:
16:    return 0;
17: }
```

Als erstes deklarieren wir eine `int`-Variable um die Eingabe zu speichern. Dann geben wir in Zeile 8 eine Meldung aus und

nehmen mit `cin` (Console Input) und dem Umleitungsoperator (>>, diesmal andersherum als bei `cout`) die Eingabe von
der Tastatur entgegen.

Dazu wird die Eingabe in der am Anfang deklarierten Variable
gespeichert. Nun kann man auf die Eingabe zugreifen und sie
zum Beispiel wie hier in Zeile 12 bzw. 13 ausgeben.

Nun können wir fortfahren mit Anweisungen, Ausdrücken,
und Operatoren.

3 Anweisungen, Ausdrücke und Operatoren

1 Anweisungen

Wie Sie wissen, werden Anweisungen in C++ immer mit einem Semikolon beendet, beispielsweise so:

```
c = a+b;
```

Hier wird der Variable c die Summe von a und b zugewiesen. Das Gleichheitszeichen heisst hier Zuweisungsoperator. Verwechseln Sie c = a+b nicht mit einer mathematischen Gleichung.

Hinweis:
Bei einer Zuweisung wird immer zuerst die rechte Seite ausgewertet und dann der linken zugewiesen.

2 Ausdrücke

Ausdrücke in C++ geben immer Werte zurück, zum Beispiel:

```
b+1;
PI;
10;
```

All diese Anweisungen geben einen Wert zurück. b+1 gibt die Summe von b und 1 zurück, die anderen beiden Ausdrücke geben jeweils sich selbst zurück.

3 Operatoren

Kommen wir zu den Operatoren; sie sorgen dafür, dass der Compiler bestimmte Operationen ausführt.

Der Zuweisungsoperator

Den Zuweisungsoperator (=) kennen Sie bereits. Hier werde ich nun näher auf ihn eingehen.
Sie müssen bei einer Zuweisung darauf achten, was rechts und was links vom Zuweisungsoperator steht.

```
x = 10;
```

ist eine gültige Zuweisung, während

```
10 = x;
```

eine ungültige Zuweisung ist.

Werte die links stehen dürfen heissen L-Werte, dazu gehören z.B Variablen.
Werte die rechts stehen dürfen heissen R-Werte; literale Konstanten sind z.B. R-Werte.

`L-Werte` sind auch immer `R-Werte`, das heisst, dass `L-Werte` immer auch rechts stehen dürfen:

```
y = x; // Gültig
```

Mathematische Operatoren

Die folgenden mathematischen Operatoren stehen in C++ zur Verfügung:

```
+ // Addition
- // Subtraktion
* // Multiplikation
/ // Division
% // Modulo-Operation
```

Die vier Grundrechenarten werden Sie wohl beherrschen, aber was ist eine Modulo-Operation?

Nun, sie gibt den Rest einer ganzzahligen Division zurück.

```
10%6
```

ergibt z.B 4, da 10 geteilt durch 6 eins Rest 4 ergibt.

Listing 3.1:

```
1: #include <iostream>
2: using namespace std;
3:
4: int main()
5: {
6:     int iZahl1 = 10;
7:     int iZahl2 = 12;
8:
9:     float fZahl1 = 13.3f;
10:    float fZahl2 = 5.6f;
11:
```

```
12:      int iSumme = iZahl1 + iZahl2;
13:
14:      float fSumme = fZahl1 + fZahl2;
15:
16:      cout << iSumme << endl;
17:      cout << fSumme << endl;
18:
19:      return 0;
20: }
```

Dieses einfache Programm tut nichts weiter, als je die Summe
zweier `int`- und die Summe zweier `float`-Zahlen in jeweils
einer neuen Variablen zu speichern.

Zusammengesetzte Operatoren

Da es sehr oft vorkommt, dass man einen Wert zu einer Variablen addieren und das Ergebnis der selben Variablen zuweisen
muss, ist folgendes in C++ möglich:

```
Zahl = Zahl + 2;
```

Damit wird `Zahl` um 2 erhöht.
In C++ gibt es aber auch noch eine kürzere Möglichkeit für
das obige Beispiel, dies sind die zusammengesetzten Operatoren.

Die Anweisung

```
Zahl+=2;
```

tut dasselbe wie `Zahl = Zahl + 2;`, ist jedoch wesentlich kürzer.

Auch für die anderen Berechnungen gibt es solche Operatoren:

```
-= // Subtraktion
*= // Multiplikation
```

```
/= // Division
%= // Modulo
```

Inkrementieren und Dekrementieren

Am häufigsten kommt es vor, dass man `1` zu einer Variable addieren oder `1` von ihr subtrahieren muss.
Das erhöhen um `1` nennt man Inkrementieren, das Erniedrigen um `1` Dekrementieren.
Auch hierfür gibt es zwei spezielle Operatoren.
Zum Inkrementieren verwendet man den Inkrement-Operator (++), zum Dekrementieren den Dekrement-Operator (--).

Wenn man die Variable `x` um `1` erhöhen möchte schreibt man:

```
x++;
```

Diese Anweisung bewirkt dasselbe wie `x=x+1;`, erspart aber eine Menge Tipparbeit.

Präfix und Postfix

Es gibt je zwei Arten von Inkrement- bzw. Dekremnt-Operatoren. Die Präfix-Variante und die Postfix-Variante.
Die Präfix-Version schreibt man vor die Variable

```
++x;
```

die Postfix-Version dahinter

```
x++;
```

Wenn man `x` einfach nur erhöhen möchte, ohne das Ergebnis einer anderen Variablen zuzuweisen ist es egal, welche Variante sie verwenden.
Im anderen Fall jedoch nicht.

Schreiben Sie zum Beispiel

```
int y = x++;
```

so wird y der Wert von x zugewiesen und anschliessend x um 1 erhöht.

Schreiben Sie hingegen

```
int y = ++x;
```

so wird y der Wert von x+1 zugewiesen.

Listing 3.2:

```
1: #include <iostream>
2: using namespace std;
3:
4: int main()
5: {
6:     int x = 3;
7:
8:     cout << x++ << endl;
9:
10:    x = 3;
11:
12:    cout << ++x << endl;
13:
14:    return 0;
15: }
```

Wenn Sie dieses Programm ausführen sehen Sie, dass zuerst 3 und dann 4 ausgegeben wird.
In Zeile 8 wird zuerst x ausgegeben und erst anschliessend um 1 erhöht.
In Zeile 12 wird x um 1 erhöht und dann ausgegeben.

Sie müssen also immer genau darauf achten, welche Variante Sie wann benutzen.

Rangfolge

Stellen Sie sich vor, Sie haben folgende Anweisung eingegeben:

```
x = 7 + 3 * 10;
```

Wird hier zuerst die Addition, oder die Multiplikation ausgeführt?
Da je nachdem was zuerst ausgeführt wird ein anderes Ergebnis entsteht ist diese Frage sehr wichtig.

Würde zuerst die Addition ausgeführt, wäre das Ergebnis `100` (`10*10`).

Wird zuerst die Multiplikation ausgeführt ist das Ergebnis `37` (`7+30`).

In C++, wie auch in der Mathematik hat die Multiplikation Vorrang vor der Addition (Punkt- vor Strichrechnung).
Wollen Sie selbst bestimmen, was zuerst berechnet wird, müssen Sie Klammern setzen.

```
x = (7 +3) * 10;
```

Nun wird zuerst die Addition ausgeführt.

5 Wahr oder falsch?

In ANSI-C++ gibt es den Datentyp `bool`, den Sie bereits kennengelernt haben.
Er kann entweder wahr (`true`) oder falsch (`false`) annehmen. Dazu kommen wir jetzt.

6 Vergleichsoperatoren

In C++ gibt es sechs Vergleichsoperatoren, diese sind:

```
== // Gleich
!= // Ungleich
> // Größer als
>= // Größer oder gleich
< // Kleiner als
<= // Kleiner oder gleich
```

Wenn z.B. x den Wert 20 hat und y den Wert 21, ergibt

```
x==y; // Ist x gleich y?
```

false, da die beiden Werte nicht gleich sind.

```
x<y; // Ist x kleiner als y?
```

ergibt true, da x (20) kleiner ist als y (21).

Tabelle 6.1:
Die Vergleichsoperatoren

Operator	Bedeutung	Beispiel für x=10 und y=15
==	Gleich	x == y False
!=	Ungleich	x != y True
<	Kleiner	y<20 True
<=	Kleiner oder gleich	x<=10 True
>	Größer	y>x

		True
>=	Größer oder	y>=16
	gleich	False

7 Kontrollstrukturen

Ein Programm läuft normalerweise Zeile für Zeile ab; was macht man nun, wenn man eine Bedingung testen will und je nach Ergebnis zu anderen Teilen den Quellcodes verzweigen möchte?
Hierzu bietet C++ Kontrollstrukturen. Diese sehen wir uns nun an.

if und else

Wollen Sie testen, ob eine Bedingung wahr ist verwenden Sie if (und else).

Die if-Anweisung sieht folgendermaßen aus:

```
if(Ausdruck)
    Anweisung;
```

Dies ist die einfachste Form einer if-Anweisung. Ist der Ausdruck in den Klammern true, also wahr, wird die Anweisung ausgeführt, ansonsten wird sie übersprungen. Alle Werte ungleich 0 werden als true interpretiert.

Sehen Sie sich folgendes Beispiel an:

```
if(x==y)
    cout << "x ist gleich y" << endl;
```

Der Ausdruck x==y ergibt nur true, wenn x gleich y ist. Daher wird die Anweisung auch nur dann ausgeführt.

Außerdem gibt es noch das `if ... else`-Konstrukt.

Listing 3.3:

```
1: #include <iostream>
2: using namespace std;
3:
4: int main()
5: {
6:     int x = 3;
7:     int y = 5;
8:
9:     if(x==y)
10:             cout << "x ist gleich y" << endl;
11:     else
12:             cout << "x ist nicht gleich y";
13:                 << endl;
14:
15:     return 0;
16: }
```

In den Zeilen 6 und 7 werden zwei `int`-Variablen definiert.
In Zeile 9 wird geprüft, ob x gleich y ist; ist dies der Fall
werden die Zeilen 10 und 11 ausgeführt.

Mit `else` gibt man an, was gemacht werden soll wenn der
Ausdruck nicht `true` ergibt.
Da die Werte hier nicht gleich sind, wird der `else`-Zweig
ausgeführt, also die Zeilen 11 bis 13.
Beachten Sie, dass `if`- und `else`-Blöcke, wenn Sie mehr als
eine Anweisung enthalten in geschweifte Klammern geschlossen werden müssen.

```
if(x==y)
{
    cout << "x ist gleich y";
    x = 7;
}
```

48

Wenn Sie mehr als zwei Auswahlmöglichkeiten benötigen, verwenden Sie `if ... else if`.

```
if(x==4)
    cout << "x ist gleich 4" << endl;

else if(x==12)
    cout << "x ist gleich 12" << endl;

else if(x==89)
    cout << "x ist gleich 89" << endl;

else
    cout << "x hat einen anderen Wert" << endl;
```

Hier wird x auf drei Werte geprüft, zuerst in der `if`-Anweisung, ergibt diese `false` wird der Ausdruck in `else if` geprüft und so weiter, trifft keiner dieser Werte auf x zu wird der `else`-Zweig ausgeführt.

Verschachtelte if-Anweisungen

Sie können `if`-Anweisungen auch verschachteln, also z.b.

```
if(x==y)
{
    if(x<27)
    {
        if(y>13)
        {
            .....
        }
```

schreiben.

Nur wenn hier alle drei Bedingungen wahr sind, wird der Block der innersten `if`-Anweisung ausgeführt.

switch

Wenn Sie eine Bedingung auf sehr viele Werte prüfen müssen, kann es schnell unübersichtlich werden, wenn Sie hierzu `if ... else if`-Anweisungen verwenden. Daher benutzt man hier `switch`.

```
switch(Ausdruck)
{
    case 1: ...

    case 2: ...

    .....
}
```

Nach dem Schlüsselwort `switch` steht der Ausruck in Klammern; er wird daraufhin in den `case`-Zweigen geprüft.

Listing 3.4:

```
#include <iostream>
using namespace std;

int main()
{
    int eingabe;

    cout << "1 - Start" << endl;
    cout << "2 - Info" << endl;
    cout << "3 - Ende" << endl;

    cin >> eingabe;

    switch(eingabe)
    {
    case 1:
        cout << "Start" << endl;
```

```
                break;

        case 2:
                cout << "Info" << endl;
                break;

        case 3:
                cout << "Ende" << endl;
                break;

        default:
                cout << "Nicht gültig!" << endl;
        }

        return 0;
}
```

Listing 3.4 stellt ein einfaches Menü mit drei Optionen dar. Der Anwender soll eine Option wählen.

In der `switch`-Anweisung wird nun geprüft, welche Option der Anwender ausgewählt hat und je nachdem eine Meldung ausgegeben.
`case` bedeutet hier soviel wie "wenn", also z.B. "wenn `eingabe` gleich `1`".

Achten Sie unbedingt auf das `break` nach jedem `case`-Zweig.
Durch dieses wird die `switch`-Anweisung verlassen.

Logische Operatoren

Es stehen Ihnen in C++ drei logische Operatoren zur Verfügung, UND (`&&`), ODER (`||`), NICHT (`!`).

Hinweis:

Den senkrechten Strich des ODER-Operators geben Sie über Alt Gr + Kleiner als Zeichen ein (rechts neben der linken Umschalttaste).

Diese logischen Operatoren können Sie verwenden um z.B bei einer if-Anweisung mehrere Bedingungen auf einmal zu prüfen.

Listing 3.5:

```
1: #include <iostream>
2: using namespace std;
3:
4: int main()
5: {
6:     int x = 10;
7:     int y = 5;
8:     bool addieren = true;
9:
10:     if(x==10 && y==5 && addieren==true)
11:     {
12:             cout << x+y << endl;
13:     }
14:
15:     return 0;
16: }
```

Listing 3.5 zeigt ein Beispiel zum logischen UND-Operator.
In Zeile 10 wird geprüft ob "x 10 ist UND y 5 ist UND addieren true ist".
Nur wenn alle drei Bedingungen wahr sind, wird Zeile 12 ausgeführt.

Tabelle 7.1:
Logische Operatoren

Operator	Symbol	Beispiel	Ergebnis
UND	&&	(x==10)&&(y==5)	true
ODER	||	(x==10)||(y==4)	true
NICHT	!	!(x==6)	true

52

Eine mit dem UND-Operator verknüpfte Bedingung gibt, wie Sie gesehen haben nur `true` zurück, wenn alle Bedingungen wahr sind.

Eine mit dem ODER-Operator verknüpfte Bedingung gibt `true` zurück, wenn eine der Bedingungen wahr ist.

Der NICHT-Operator gibt `true` zurück, wenn die Bedingung falsch ist.

8 Schleifen

Damit man wiederkehrende Teile eines Programms nicht immer wieder Programmieren muss, verwendet man Schleifen. Es gibt drei Arten von Schleifen:

`while`,
`do ... while` und
`for`

while-Schleife

Sehen Sie sich Listing 8.1 an.

Listing 3.6:

```
1: #include <iostream>
2: using namespace std;
3:
4: int main()
5: {
6:     int eingabe;
7:     int x = 0;
8:
9:     cout << "Wie oft wollen Sie"
10:          " \"Hallo\" ausgeben?";
```

```
11:     cin >> eingabe;
12:
13:     while(x<eingabe)
14:     {
15:             cout << "Hallo" << endl;
16:             x++;
17:     }
18:
19:     return 0;
20: }
```

In diesem Lising sehen Sie eine `while`-Schleife, die dafür
sorgt, das so oft "Hallo" ausgegeben wird, wie es der Anwender möchte.

Dazu deklarieren wir in Zeile 6 eine `int`-Variable, die die
Eingabe des Anwenders aufnehmen wird.
In Zeile 7 definieren wir eine "Zähl-Variable" (`x`), diese ver-
wenden wir in der `while`-Schleife.

In Zeile 13 beginnt schließlich die `while`-Schleife. Als erstes
wird in Klammern wieder eine Bedingung geprüft und, wenn
diese wahr ist, die Schleife ausgeführt.
In der Schleife geben wir "Hallo" aus und erhöhen unsere
"Zähl-Variable".
Dadurch wird die schleife so lange ausgeführt, bis `x` nicht
mehr kleiner als `eingabe` ist.

Die Grundlegende Struktur einer `while`-Schleife sieht so aus:

```
while(Bedingung)
{
    Anweisung1;
    ...
}
```

Auch in Schleifen kann man natürlich logische Operatoren
einsetzen.

54

do ... while-Schleife

Bei der `while`-Schleife kann es passieren, dass die Anweisungen überhaupt nicht ausgeführt werden (wenn die Bedingung `false` ergibt).
Wolen Sie jedoch, dass die Schleife mindestens einmal ausgeführt wird, so verwenden Sie die `do ... while`-Schleife.

```
do
{
    Anweisung;
    ...
}
while(Bedingung)
```

Die Anweisung wird hier nun mindestens einmal ausgeführt und erst danach die Bedingung geprüft.

for-Schleife

Die `for`-Schleife wird auch als Zähl-Schleife bezeichnet.
Sie wird benutzt, wenn bereits vorher feststeht, wie oft die Schleife ausgeführt werden soll.

```
for(int i=0;i<10;i++)
{
    cout << i << endl;
    ...
}
```

Hier wird zuerst eine `int`-variable `i` definiert und anschließend eine Bedingung geprüft (`i<10`), ist die Bedingung `true`, so wird hier `cout << i << endl;` ausgeführt und anschliessend `i` um eins erhöht (`i++`).

Eine `for`-Schleife hat also folgenden Aufbau:

```
for(Initialisierung;Bedingung;Anweisungen1)
{
    Anweisungen2;
}
```

Sie können auch mehrere Initialisierungen, Bedingungen und Anweisungen im Kopf der `for`-Schleife definieren.

```
for(int i=0,int j=0;i<12,j<23;i++,j+=3)
{
    cout << i << endl;
    cout << j << endl;
}
```

Wie Sie sehen werden hier zwei `int`-Variablen definiert, zwei Bedingungen geprüft und die Variablen um jeweils anderere Werte erhöht.

break

`break` wird unter anderem verwendet, um eine Schleife vorzeitig abzubrechen. Schauen Sie sich Listing 3.7 an.

Listing 3.7:

```
1: #include <iostream>
2: using namespace std;
3:
4: int main()
5: {
6:     int zahl = 0;
7:
8:     while(zahl<20000)
9:     {
10:            cout << zahl << endl;
11:
12:            if(zahl==1000)
13:                    break;
14:
```

```
15:        zahl++;
16:    }
17:
18:    return 0;
19: }
```

Hier würde die `while`-Schleife normalerweise solange ausgeführt, bis `zahl` nicht mehr kleiner als `20000` ist. Innerhalb der Schleife prüfen wir jedoch, ob `zahl` `1000` ist. Ist dies der Fall, so wird die Schleife durch `break` verlassen.

Endlosschleifen

Mit `while` und `for` können Sie Endlosenschleifen erzeugen, die immer weiterlaufen. Auch wenn Sie dies nicht tun sollten, zeige ich Ihnen nun wie das geht.

Endlosschleife mit while

Eine Endlosschleife mit `while` sieht folgendermaßen aus:

```
while(true)
{
    Anweisungen;
    ...
}
```

Da die Bedingung hier immer `true` ist, wird die Schleife "für immer" ausgeführt, bis das Programm beendet wird.

Endlosschleife mit for

Die Endlosschleife mit `for` sieht wie folgt aus:

```
for(;;)
```

```
{
    Anweisungen;
    ...
}
```

Da hier keine Bedingung angegeben wurde, wird auch diese Schleife "für immer" ausgeführt, beachten Sie, dass die Semikola trotzdem gesetzt werden müssen.

Übungen:

1. Schreiben Sie ein Programm, das aus der Zeit in Stunden und der Strecke in Kilometer die Geschwindigkeit in Km/h berechnet. Der Benutzer muss sowohl die Zeit als auch die Strecke selbst eingeben können.

2. Welche Fehler haben sich hier eingeschlichen?

a)
```
while(i<=34);
    {
        cout << i << endl;
         i++;
    }
```

b)
```
if(z=10)
    {
        cout << "z ist gleich 10"
             << endl;
    }
```

c)
```
cout << "Geben Sie eine Zahl ein";
cin << Zahl;
```

4 Funktionen

Funktionen in C++ sind einzelne abgeschlossene Teile eines Programms, die eigene Aufgaben ausführen. Man kann zum Beispiel eine Funktion schreiben, die die Summe zweier Zahlen berechnet oder ähnliches.

Um eine Funktion zu deklarieren gibt man ihren Rückgabetyp, ihren Namen und ihre Parameterliste an. Deklariert man eine Funktion, nennt man dies auch "den Funktionsprototyp erstellen".

Abildung 4.1:

```
    int          Summe (int Zahl1, int Zahl2)
```
Rückagbetyp   Funktionsname   Parameterliste

Als Rückgabetyp können sie einen der Datentypen von C++ verwenden (später auch eigene). Soll eine Funktion keinen Wert zurückgeben, müssen Sie `void` verwenden (void = leer).

Der Funktionsname ist frei wählbar. Achten Sie jedoch darauf, dass der Name aussagekräftig ist, so dass man diekt erkennt was die Funktion macht.

Nach dem Namen folgen die Funktionsparameter, die in runde Klammern eingeschlossen werden. Die Parameter sind Werte, die der Funktion übergeben werden und mit der sie zum Beispiel rechnet.

Wollen Sie keine Parameter übergeben, lassen Sie die Klammern leer.

Die Deklaration eines Funktionsprototyps muss mit einem Semikolon abgeschlossen werden. Der Prototyp einer Funktion, die die Fläche eines Rechtecks berechnet könnte so aussehen:

```
float FlaecheRechteck(float breite,
                      float hoehe);
```

Die Prototypen von Funktionen müssen Sie vor der `main`-Funktion deklarieren, damit sie dieser bekannt sind.

Definition von Funktionen

Die Defintion einer Funktion erfolgt gewöhnlich unterhalb der `main`-Funktion.

```
Funktionsprototypen
main-Funktion
Funktionsdefinitionen
```

Wir sehen uns nun in Listing 4.1 ein kurzes Beispiel an.

Listing 4.1:

```
1: #include <iostream>
2: using namespace std;
3:
4: int Summe(int Zahl1, int Zahl2);
5:
6: int main()
7: {
8:     cout << Summe(10,32) << endl;
9:
```

```
10:    return 0;
11: }
12:
13: int Summe(int Zahl1, int Zahl2)
14: {
15:    int summe = Zahl1 + Zahl2;
16:
17:    return summe;
18: }
```

In Zeile 4 deklarieren wir den Prototyp unserer Funktion. Sie hat den Rückgabetyp `int` und übernimmt zwei Parameter vom Typ `int`.

In Zeile 13 beginnt die Definition der Funktion. Wir initialisieren eine Variable `summe` mit dem Ergebnis der Addition, der als Parameter übergebenen Zahlen. Am Ende der Funktion geben wir den Wert von `summe` zurück.

In der `main`-Funktion geben wir in Zeile 8 eben diesen Wert aus.
Da `Summe(10,32)` das Ergebnis der Addition von `10` und `32` zurückgibt, verhält es sich hier so, als hätten wir `summe` direkt ausgegeben.

Hinweis:
Es ist bei dem Prototyp einer Funktion nicht nötig die Parameter zu benennen, man könnte also auch

```
int Summe(int, int);
```

schreiben. Bei der Definition einer Funktion müssen die Parameter allerdings benannt werden.

Wie Sie bereits gesehen haben, werden die Anweisungen einer Funktion in geschweifte Klammern geschlossen.

Parameter und Rückgabewerte

Parameter und Rückgabewerte haben Sie im letzten Abschnitt bereits kennengelernt.

Parameter werden einer Funktion übergeben, damit diese mit diesen Werten arbeiten kann. Die Parameter werden immer von einer anderen Funktion übergeben und auch der Rückgabewert einer Funktion wird an die aufrufende Funktion zurückgegeben.

Die Namen der Parameter können Sie frei wählen. Sie müssen nicht mit den Namen der Variablen, die Sie der Funktion übergeben übereinstimmen, sondern sind nur Platzhalter.

Wollen Sie einen Wert zurückgeben, tun Sie dies mit dem Schlüsselwort `return`, wie Sie auch im letzten Abschnitt und bei "Hallo Welt" gesehen haben.

Nach `return` kann ein beliebiger Ausdruck stehen, dessen Wert von der Funktion zurückgegeben werden soll:

```
return 4;
return x;
return 4*4;
```

Dieser Wert muss zum Rückgabetyp der Funktion passen, wenn Sie also als Rückgabetyp beispielsweise `int` angeben, muss auch der Wert der Rückgabe eine Ganzzahl sein.

Hinweis:
Wenn Sie einer Funktion bei ihrem Aufruf Werte übergeben, nennt man diese Werte Argumente.

Verschachtelte Funktionsaufrufe

Sie können Funktionen in C++ auch verschachteln, also beispielsweise folgendes schreiben:

```
void TextAusgeben()
{
    cout << Summe(34,5) << endl;
}
```

Dies ist eine Funktion ohne Rückgabewert und ohne Parameter. Sie gibt, den Rückgabewert der Funktion `Summe(int,int)` aus. Sie sehen also, dass man auch innerhalb von Funktionen andere Funktionen aufrufen kann. Diese andere Funktion könnte auch selbst noch andere Funktionen aufrufen und so weiter.

Variablen und Funktionen

Den Unterschied zwischen globalen und lokalen Variablen kennen Sie bereits. In Funktionen können Sie nur auf globale Variablen oder auf lokale Variablen, die in der Funktion selbst definiert sind zugreifen.

Variablen, die global deklariert sind, können also in einer Funktion verändert werden.

Listing 4.2:

```
1: #include <iostream>
2: using namespace std;
3:
4: void GlobalAccess();
5:
6: int globalVar = 10;
7:
8: int main()
9: {
10:     cout << "globalVar: " << globalVar << endl;
```

```
11:        GlobalAccess();
12:
13:
14:        cout << "globalVar: " << globalVar << endl;
15:
16:        return 0;
17: }
18:
19: void GlobalAccess()
20: {
21:        globalVar += 10;
22: }
```

Wenn Sie das Programm aus Listing 4.2 ausführen, stellen Sie
fest, dass die Funktion den Wert von `globalVar` verändert
hat.
Dies ist nur möglich, da `globalVar` global deklariert wurde.

In Zeile 10 wird zuerst der Wert von `globalVar` ausgegeben, dann wird die Funktion `GlobalAccess` aufgerufen, die
`globalVar` um 10 erhöht und schliesslich wieder der Wert
von `globalVar` ausgegeben.

Hätten wir `globalVar` in der `main`-Funktion, also lokal,
deklariert, könnten wir den Wert nicht in einer Funktion verändern; der Compiler würde eine Fehlermeldung ausgeben.

Hinweis:
Sie sollten möglichst auf den Einsatz von globalen Variablen
verzichten, da ihr Wert wirklich überall im Programm verändert werden kann. Dies ist meistens jedoch nicht erwünscht.

Parameter verhalten sich so, als wären sie lokale Variablen
einer Funktion.
Die Werte, die Sie einer Funktion übergeben können so also
nicht direkt verändert werden;
Sie arbeiten nur mit Kopien dieser Werte.

```
 1: #include <iostream>
 2: using namespace std;
 3:
 4: void NoAccess(int,int);
 5:
 6: int globalVar = 10;
 7:
 8: int main()
 9: {
10:     int localVar = 50;
11:
12:     cout << "globalVar: " << globalVar << endl;
13:     cout << "localVar : " << localVar  << endl;
14:
15:     NoAccess(globalVar,localVar);
16:
17:     cout << "globalVar: " << globalVar << endl;
18:     cout << "localVar : " << localVar  << endl;
19:
20:     return 0;
21: }
22:
23: void NoAccess(int x, int y)
24: {
25:     x = 99;
26:     y = 70;
27:     cout << "gloablVar: " << x << endl;
28:     cout << "localVar : " << y << endl;
29: }
```

In Zeile 6 definieren wir eine globale Variable mit dem Wert 10.

Innerhalb der `main`-Funktion definieren wir in Zeile 10 eine lokale Variable mit dem Wert 50.

Anschliessend geben wir beide Werte aus und rufen die Funktion `NoAccess` (`KeinZugriff`) mit den beiden Variablen als Argumente auf.

In der Funktion `NoAccess` werden den beiden Variablen die Werte 99 und 70 zugewiesen und diese daraufhin ausgegeben.

Zurück in `main` geben wir die Werte erneut aus und stellen fest, dass es immer noch die alten Werte sind. Sie sehen also, eine Funktion kann die ihr übergebenen Werte nicht verändern, da sie nur Kopien verwendet.

Diese Art der Übergabe nennt man *Call by Value* (Aufruf mit dem Wert).

Standardparameter

Bisher mussten Sie einer Funktion immer Werte für alle Parameter übergeben. Hat eine Funktion zum Beispiel zwei Parameter, so müssen Sie dieser Funktion auch zwei Werte übergeben; es geht jedoch auch anders.

Sehen Sie sich den folgenden Funktionsprototyp an:

```
int Window(int width, int height, bool menu);
```

Die Funktion `Window` soll ein Fenster simulieren. Man muss ihr eine Breite (`width`) und eine Höhe (`height`), jeweils als `int`-Werte, übergeben.
Ausserdem muss man ihr noch "sagen", ob das Fenster ein Menü (`menu`) haben soll. Dies geschieht durch den Datentyp `bool`. Übergibt man hierfür `true`, so hat das Fenster ein Menü, übergibt man `false`, hat es keines.

Nun wollen wir, dass standardmäßig `true` für `menu` übernommen wird, das Fenster also über ein Menü verfügt, wenn man es nicht ausdrücklich "abschaltet". Dies verwirklichen wir über einen Standardparameter.

Sehen Sie sich folgendes an:

```
int Window(int width,
           int height,
```

68

```
bool menu = true);
```

Der Funktionsprototyp hat jetzt einen Standardparameter (`bool menu = true`) erhalten. Dadurch können wir uns, wenn das Fenster ein Menü haben soll, ein wenig Tipparbeit ersparen.

Wir müssen dann nämlich diesem Parameter keinen Wert zuweisen.

Wenn man die Funktion aufruft und das Fenster ein Menü haben soll, kann man dies so schreiben:

```
Window(640, 480);
```

`640` und `480` stellen die Breite und die Höhe dar.

Soll das Fenster kein Menü haben, schreibt man folgendes:

```
Window(640, 480, false);
```

Wie sie hier sehen, können Sie Standardparameter also auch überschreiben.

Hinweis:
Wenn Sie mehreren Parametern Standardwerte zuweisen wollen, müssen Sie darauf achten, dass ein Parameter keinen Standardwert erhalten darf, wenn sein nachfolgender keinen hat.
Dies

```
int Window(int width = 100,
           int height,
           bool menu = true);
```

ist also nicht möglich.

Lassen Sie uns Standardparameter nun an einem Beispiel ansehen.

Listing 4.4:

```
1: #include <iostream>
2: using namespace std;
3:
4: void Window(int width,int height,bool menu=true);
5:
6: int main()
7: {
8:     Window(640,480);
9:
10:     cout << endl;
11:
12:     Window(800,600,false);
13:
14:     return 0;
15: }
16:
17: void Window(int width, int height, bool menu)
18: {
19:     cout << "Es wurde ein Fenster mit einer "
20:             "Breite von "
21:
22:             << width
23:
24:             << " und einer Hoehe von "
25:
26:             << height
27:
28:             << " erstellt." << endl;
29:
30:     if(menu==true)
31:     {
32:             cout << "Das Fenster hat "
33:                     "ein Menue" << endl;
34:     }
35:     else
36:     {
37:             cout << "Das Fenster hat "
38:                     "kein Menue" << endl;
39:     }
40: }
```

In Zeile 4 deklarieren wir den Prototyp unserer `Window`-Funktion, sie hat keinen Rückgabewert, da sie nur Text ausgibt. Die Funktion übernimmt zwei Parameter vom Typ `int` und einen vom Typ `bool`, der als Standardparameter auf `true` gesetzt wurde. Die Definition von `Window` beginnt in Zeile 17. Als erstes wird dort die Breite und die Höhe des Fensters ausgegeben und anschließend geprüft ob `menu` `true` oder `false` ist. `true` heisst hier, das Fenster hat ein Menü.

In Zeile 8 rufen wir `Window` mit der Breite und der Höhe auf und übernehemen den Standardparameter; dadurch wird es ein Fenster mit Menü.

In Zeile 12 rufen wir dieselbe Funktion auf, überschreiben aber diesmal den Standarparameter mit `false`; das Fenster hat also hier kein Menü.

Inline-Funktionen

Funktionen kann man in C++ als `inline` deklarieren. Lassen Sie uns analysieren, was das heisst.
Normalerweise legt der Compiler eine Funktion einmal im Speicher ab und springt bei jedem Aufruf dieser Funktion an diese Stelle im Speicher. Ist die Funktion ausgeführt springt er wieder zurück.
Dieses Vorgehen des Compilers spart Speicherplatz, da die Funktion eben nur einmal im Speicher existiert.

Die Sprünge in eine Funktion und wieder zurück kosten dadurch aber jeweils etwas Zeit. Gerade bei sehr kleinen Funktionen fällt diese Zeit ins Gewicht.

Was macht man nun um bei kleinen Funktionen die Zeit für die Sprünge zu sparen?

Ganz einfach, man verwendet `inline`. Wird eine Funktion unter Verwendung von `inline` deklariert, ersetzt der Compiler jeden Aufruf der Funktion durch den kompletten Code der Funktion; dadurch treten keine Sprünge mehr auf.

```
inline void Window(int, int, bool);
```

Da jedoch der Quelltext durch dieses Vorgehen länger wird, wird auch das Programm größer.
Beachten Sie ausserdem, dass im Zweifelsfall der Compiler entscheidet, ob er `inline` verwendet oder nicht. Da der Compiler versucht den Quelltext zu optimieren, wird er unter Umständen das `inline` einfach ignorieren.

Überladen von Funktionen

Stellen Sie sich vor, Sie wollen eine Funktion schreiben, die die Summe zweier Zahlen errechnet. Dann benötigen Sie unter Umständen je eine Funktion für `int`-Werte, eine für `float`-Werte und so weiter.

Sie würden also wahrscheinlich erst einmal etwas in dieser Art programmieren:

```
int intSumme(int,int);
float floatSumme(float,float);
```

Dies ist sehr umständlich und unübersichtlich. In C++ ist es aber möglich Funktionen zu überladen, das heisst, man kann mehreren Funktionen den gleichen Namen geben, wenn sich die Parametertypen oder die Parameteranzahl unterscheiden.
Man kann also folgendes schreiben:

```
int Summe(int,int);
float Summe(float,float);
```

Wie Sie sehen haben nun beide Funktionen den einfachen Namen Summe erhalten. Sie unterscheiden sich jedoch in den Datentypen der Parameter.

Hinweis:
Der Rückgabetyp wird nicht für das Überladen von Funktionen berücksichtigt, das heisst, Sie können eine Funktion nicht überladen, indem Sie ihr einen anderen Rückgabetyp geben.

Ebenfalls möglich ist dies:

```
int Summe(int,int,int);
int Summe(int,int);
```

Hier unterscheiden sich die Finktionen in der Anzahl ihrer Parameter; der Compiler kann so feststellen, welche Funktion er aufrufen soll.

Rekursionen

Rekursionen sind ein – am Anfang – nicht einfaches Thema. Eine Funktion ist in der Lage sich selbst aufzurufen. Dies nennt man Rekursion.

Ein in vielen Programmierbüchern sehr beliebtes Beispiel für die Rekursion ist die Berechnung von Fakultäten von Zahlen. Die Fakultät einer Zahl n berechnet man, indem man n mit all ihren Vorgängern bis zur 1 multipliziert. Das mathematische Zeichen für die Fakultät ist !.

Lassen Sie uns die Fakultät der Zahl 5 ansehen:

$5! = 5*4*3*2*1 = 120$

Die Definition ist also

Fakultät(n) = n*Fakultät(n-1), wobei Fakultät(0) als 1 definiert
ist .

Listing 4.5:

```
1: #include <iostream>
2: using namespace std;
3:
4: int Fakultaet(int);
5:
6: int main()
7: {
8:     cout << Fakultaet(5) << endl;
9:
10:     return 0;
11: }
12:
13: int Fakultaet(int n)
14: {
15:     if(n==0)
16:     {
17:             return 1;
18:     }
19:     else
20:     {
21:             return (n*Fakultaet(n-1));
22:     }
23: }
```

In Zeile 4 deklarieren wir unsere Funktion `Fakultaet` mit
dem Rückgabetyp `int` und einem Parameter, ebenfalls vom
Typ `int`.

In Zeile 13 beginnt die Definition der Funktion. Als erstes
wird in Zeile 15 geprüft ob die übergebene Zahl (`n`) 0 ist.
Wenn dies so ist, wird 1 zurückgegeben (da Fakultaet(0) 1 ist)
und die Funktion beendet.

Ist n nicht 0, wird der `else`-Zweig ausgeführt. Dieser enthält die folgende Anweisung:

```
return (n*Fakultaet(n-1));
```

Hier wird n mit der Fakultaet von der um eins kleineren Zahl multipliziert; in unserem Beispiel entspricht dies 5*4!, was dasselbe bedeutet wie 5*4*3*2*1.

Die Funktion ruft sich also solange selbst auf, bis n 0 ist.

In Zeile 8 wird dann schliesslich die Fakultaet von 5 ausgegeben.

Übungen:

1. Was ist bei den folgenden Quellcodeausschnitten falsch?

a) `int Summe(int;,float;);`

b) `int Window(int,int);`
   `bool Window(int,int);`

c) `float Area(float a=10, float b=5, float c);`

5 Arrays

Nun kommen wir zu Arrays. In einem Array können Sie mehrere Elemente eines Datentyps speichern.
Lassen Sie uns zum Anfang ein Beispiel ansehen.

```
int array[3];
```

Diese Anweisung erzeugt ein Array mit drei Elementen vom Typ `int`. Wenn wir diesen Elementen Werte zuweisen möchten, tun wir das wie folgt:

```
array[0] = 10;
array[1] = 50;
array[2] = 100;
```

Beachten Sie, dass das erste Element den Index 0 hat. Der Index ist die Zahl in den eckigen Klammern. Das letzte Element hat den Index `AnzahlDerElemente-1`.

Es ist ausserdem möglich ein Array bereits bei der Deklaration zu initialisieren. Dies geschieht auf folgende Weise:

```
int array[] = { 10, 50, 100 };
```

Nun wird der Compiler den Elementen von links nach rechts diese Werte zuweisen. Sie müssen bei dieser Art der Zuweisung nicht angeben, wieviele Elemente Sie anlegen möchten, dies erledigt der Compiler für Sie; daher bleiben die eckigen Klammern leer.

Man kann Arrays selbstverständlich auch über Schleifen initialisieren, wie das folgende Listing zeigt.

Listing 5.1:

```
1:  #include <iostream>
2:  using namespace std;
3:
4:  int main()
5:  {
6:      const int ARRAYSIZE = 25;
7:      int array[ARRAYSIZE];
8:
9:      for(int i=0;i<ARRAYSIZE;i++)
10:     {
11:             array[i] = i;
12:             cout << array[i] << endl;
13:     }
14:
15:
16:     return 0;
17: }
```

In Zeile 7 definieren wir die int-Konstante ARRAYSIZE mit dem Wert 25.

In Zeile 8 deklarieren wir dann ein int-Array mit der Größe von ARRAYSIZE (die Größe von Arrays muss eine Konstante sein).

Die for-Schleife zum setzen der Werte in array beginnt in Zeile 10. Wir definieren zuerst eine "Zähl-Variable" i mit dem Wert 0.

Dann überprüfen wir, ob das Ende des Array bereits erreicht ist; solange i kleiner ist als ARRAYSIZE ist das Ende noch nicht erreicht. Anschließend werden die Anweisungen in der `for`-Schleife ausgeführt und jedem Element ein Wert (von `0` bis `24`) zugewiesen.

Die Ausgabe bestätigt dies.

Mehrdimensionale Arrays

Arrays in C++ können mehrere Dimensionen haben, genau genommen unendlich viele.
Sie können zum Beispiel ein Schachbrett in einem zweidimensionalen Array speichern.

Sehen Sie sich nun Abbildung 5.1 an.

Abbildung 5.1:

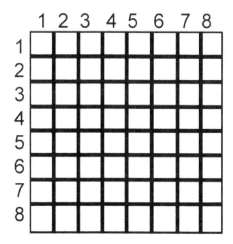

Ein Schachbrett hat acht Spalten und acht Zeilen, man kann es also folgendermaßen in einem Array darstellen:

```
char ChessBoard[8][8];
```

Hier wird ein Array von `char`-Elementen deklariert. Es hat, da es ein Schachbrett darstellt, 8 Spalten und 8 Reihen.

Will man nun z.B. an die Stelle 4/8 den König setzen schreibt man

```
ChessBoard[3][7] = 'K';
```

Das K steht hier für "König" und muss, da es ein einzelnes Zeichen ist in einzelnen Anführungszeichen stehen.

Achten Sie auch hier darauf, dass der Index jeweils von 0 bis 7 reicht. Das Schachbrett sieht in C++ also so aus:

Abbildung 5.2:

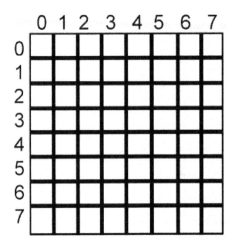

Strings mit Arrays

In einem Array kann man auch Zeichenketten speichern. Dazu muss man ein Array mit char-Elementen erzeugen und die einzelnen Zeichen darin speichern, dies sieht dann so aus:

```
char String[] = {
'H','e','l','l','o','W','o','r','l','d' };
```

Wie Sie sicherlich feststellen, ist es sehr aufwändig Strings in
dieser Art zu speichern.
C++ bietet uns jedoch eine schnellere und einfachere Möglichkeit, man darf nämlich auch

```
char String[] = "Hello World";
```

schreiben.

Jeder Buchstabe in diesem Array belegt ein Byte. Zusätzlich
wird noch ein Byte für das sogenannte Null-Zeichen benötigt.
Dieses Null-Zeichen verwendet der Compiler um festzustel-
len, wo der String beendet ist.

Es gibt in C++ eine Funktion, die die Länge eines Strings
zurückgibt. Um diese zu nutzen müssen Sie die Datei
`string.h` in Ihr Projekt einbinden.

```
#include <string.h>
```

Nun können Sie die Funktion `strlen` verwenden. Diese
Funktion gibt einen Wert vom Typ `unsigned int` zurück.

Sehen Sie sich den folgenden Codeausschnitt an:

```
char String[] = "Hallo Welt";
unsigned int length = strlen(String);
```

In `length` ist nun der Wert 10 gespeichert, der von `strlen`
zurückgegeben wurde; das Null-Zeichen wird dabei ignoriert.
`strlen` müssen Sie den String, dessen Länge Sie speichern
wollen übergeben.

6 Zeiger

Zeiger sind ein sehr komplexes Thema; deswegen fällt es Anfängern häufig schwer, den Verwendungszweck von Zeigern zu verstehen, da man diese in kleinen Programmen kaum benötigt. Ich kann Ihnen jedoch versichern, dass Sie, wenn Sie komplexere Programme schreiben auf Zeiger nicht mehr verzichten wollen.

Also, holen Sie noch einmal tief Luft und lassen Sie uns in die Welt der Zeiger eintauchen.

Was sind Zeiger?

Zeiger sind Variablen, die Speicheradressen aufnehmen. Jede Variable, Konstante, etc. wird im Arbeitsspeicher des Computers gespeichert und hat eine Speicheradresse. Eine solche Adresse hat die folgende Form:

```
0X0012FF7C
```

Speicheradressen werden immer hexadezimal dargestellt. Das hexadezimale Zahlensystem hat die Basis 16. Die Zahlen werden wie folgt dargestellt:

Dezimal	Hexadezimal
0	0
1	1
2	2
3	3
4	4
5	5
6	6
7	7
8	8
9	9
10	A
11	B
12	C
13	D
14	E
15	F

Zeiger deklarieren

In einem Zeiger kann also eine solche Adresse gespeichert
werden. Wollen Sie nun zum Beispiel die Adresse einer Variablen wissen, tun Sie dies so:

```
int Zahl = 10;
int* pZahl = &Zahl;
```

Zuerst definieren wir die int-Variable Zahl und geben ihr
den Wert 10. Nun deklarieren wir den Zeiger pZahl (p =
pointer = Zeiger) und weisen ihm die Adresse von Zahl zu.

Wie gehen wir dazu vor?
Als erstes "sagen" wir dem Compiler, welchen Datentyp der
Zeiger aufnehmen kann, hier also int; dann folgt der Operator *, der angibt, dass es sich um einen Zeiger handelt und
schliesslich der Name des Zeigers.

Diesem Zeiger weisen wir nun mit dem Adressoperator `&` die Adresse von `Zahl` zu. Der Adressoperator liefert, wie der Name schon sagt, die Adresse von , zum Beispiel, einer Variablen.

Wenn Sie nun mit

```
cout << pZahl << endl;
```

`pZahl` ausgeben, sehen Sie die Adresse der Variable `Zahl`. Wollen Sie über den Zeiger auf die Variable zugreifen, so benutzen Sie den Dereferenzierungsoperator `*`.

Wundern Sie sich nicht, dass manche Operatoren in C++ mehrmals, zu je einem anderen Zweck, vorkommen; der Compiler kann aus dem Zusammenhang entscheiden, welchen Operator Sie meinen.

Kommen wir zurück zum Thema, wenn man also

```
cout << *pZahl << endl;
```

schreibt, wird nicht die Adresse, auf die `pZahl` zeigt ausgegeben, sondern ihr Wert, hier also `10`.

Analog dazu ist es möglich, einer Variablen so – über einen Zeiger – einen neuen Wert zuzuweisen:

```
*pZahl = 50;
```

Nun hat die Variable, auf die `pZahl` zeigt den Wert `50`.

Listing 6.1:

```
1: #include <iostream>
2: using namespace std;
3:
4: int main()
5: {
6:     int Zahl = 10;
7:     int* pZahl = &Zahl;
8:
9:     cout << "Zahl: "   << Zahl   << endl;
```

```
10:     cout << "pZahl: " << pZahl << endl;
11:     cout << "*pZahl: " << *pZahl << endl;
12:
13:     *pZahl = 50;
14:
15:     cout << "*pZahl: " << *pZahl << endl;
16:     cout << "Zahl: "   << Zahl   << endl;
17:
18:     return 0;
19: }
```

In diesem Listing verwenden wir alles, was wir bisher über Zeiger gelernt haben. Es ist sehr wichtig, dass Sie diese absoluten Grundlagen verstehen.

Sie sollten Zeigern bei ihrer Deklaration immer enweder 0 zuweisen

```
int* pZeiger = 0;
```

oder mit der Adresse einer Variablen initialisieren

```
int* pZeiger = &Var;
```

Dies sollten Sie wirklich immer tun, da undefinierte Zeiger sehr gefährlich sein können, Programme können z.B abstürzen, oder andere Fehler verursachen.

Beachten Sie ausserdem, dass der Typ eines Zeigers zum Typ der Variablen, auf die er zeigt passen muss, da der Zeiger anhand der Größe eines Datentyps berechnet, wie viele Bytes er aus dem Speicher lesen muss.

Lassen Sie mich das an einem Beispiel verdeutlichen.

Wir definieren eine Variable vom Typ short und wollen einen Zeiger auf diese Variable erzeugen. Der Datentyp short hat, wie Sie wissen, eine Größe von 2 Byte. Das heisst, dass der Zeiger auch 2 Byte aus dem Speicher lesen muss, um die Variable darzustellen. Daher muss auch der Zeiger vom Typ `short` sein.

Ein Zeiger hat übrigens immer eine Größe von 4 Byte, da jede Adresse 4 Byte groß ist.

Stack und Heap

Wir kommen nun abermals zu einem nicht ganz einfachen Thema, dem Stack und dem Heap.
Stack und Heap sind zwei verschiedene Speicherbereiche.

Den Stack können Sie sich wie einen Stapel Bücher (oder Teller, oder etwas anderes) vorstellen; man kann immer nur das oberste Buch wegnehmen und auch nur Bücher oben auf den Stapel legen.
Für uns bedeutet dies folgendes:

Haben Sie zum Beispiel eine Funktion, die eine Variable zur Zwischenspeicherung erzeugt, so wird diese bei dem Eintritt in die Funktion "auf den Stack gelegt".
Wird die Funktion verlassen, so wird diese Variable automatisch wieder abgebaut, ist also damit nicht mehr verfügbar.

Anders funktioniert der Heap. Im Heap kann man Variablen anlegen, die man im ganzen Programm, oder in mehreren Funktionen, benötigt.
Um das Anlegen müssen wir uns hier selbst kümmern und wenn wir die Variable nicht mehr benötigen, müssen wir auch dafür sorgen, dass Sie gelöscht wird. Wird eine Variable auf dem Heap nicht gelöscht, dann entsteht ein Speicherleck (Memory Leak), also eine Lücke im Speicher auf die man nicht mehr zugreifen kann.

Im nächsten Abschnitt sehen wir uns an, wie man Daten auf dem Heap anlegt.

new und delete

Daten auf dem Heap legt man mit dem Schlüsselwort `new` an; gelöscht werden diese Daten mit `delete`.

```
int* pInt = new int;
```

Hier sehen Sie bereits, wie man Speicher für eine `int`-Variable reserviert, bei anderen Typen erfolgt es in der gleichen Art.
Da `new int` die Adresse des reservierten Speichers zurückgibt, müssen wir diese in einem Zeiger speichern, um darauf zuzugreifen. Hier wird die Adresse im Zeiger pInt gespeichert.

Nun wollen wir auf diesen Speicher zugreifen und einen Wert hinein schreiben, dies geschieht, wie bereits gesagt, über den Zeiger.

```
*pInt = 100;
```

Zuerst dereferenzieren wir den Zeiger `pInt`, dann weisen wir ihm den Wert `100` zu.

Es kann vorkommen, dass auf dem Computer kein Speicher mehr zur Verfügung steht. Ist dies der Fall, so gibt `new` `NULL` zurück (also einen `NULL`-Zeiger). Aus diesem Grund sollten Sie den Zeiger immer auf `NULL` prüfen.

```
if(pInt!=NULL)
{
    *pInt = 100;
}
```

So würde man die obige Anweisung mit der Überprüfung auf `NULL` schreiben.
`pInt!=NULL` bedeutet "`pInt` ungleich `NULL`".

Wir kommen nun zu `delete`, also zum freigeben des Speichers.

`delete` wird verwendet, wenn ein Speicherbereich nicht mehr benötigt wird.

`delete` gibt den Speicher wieder an den Heap zurück, so dass er Ihnen bzw. Ihrem Programm wieder zur Verfügung steht.

```
delete pInt;
```

Mit dieser Anweisung geben wir den Speicher, den wir eben reserviert haben wieder frei. Hier wird jedoch keinesfalls, wie es vielleicht scheinen mag, der Zeiger `pInt` gelöscht.

Lassen Sie uns ein kurzes Beispiel zu `new` und `delete` ansehen:

Listing 6.2:

```
1: #include <iostream>
2: using namespace std;
3:
4: int main()
5: {
6:     int* pHeap = new int;
7:
8:     *pHeap = 100;
9:
10:    cout << *pHeap << endl;
11:
12:    delete pHeap;
13:
14:    return 0;
15: }
```

In Zeile 7 legen wir einen Zeiger `pHeap` an. Wir weisen ihm einen Speicherbereich für einen `int`-Wert zu und geben diesem Bereich in Zeile 9 den Wert `100`. Dann geben wir in

Zeile 11 den Wert aus und geben in Zeile 13 den Speicher wieder frei.

Hätten wir die Anweisung `delete pHeap;` hier weggelassen, so wäre ein Speicherleck entstanden.

Kontante Zeiger und mehr

In C++ kann man Zeiger als Konstant deklarieren.

```
int Zahl = 10;
int* const pZeiger = &Zahl;
```

Mit der Anweisung `int* const pZeiger = Zahl;` definieren wir einen Konstanten Zeiger, der auf `Zahl` zeigt. Wir können nun diesem Zeiger keine andere Adresse zuweisen; folgendes geht also nicht:

```
pZeiger = &AndereZahl;
```

Ausserdem ist es möglich einen Zeiger auf ein konstantes Element zu erzeugen.

```
const int Zahl = 10;
const int* pZeiger = &Zahl;
```

Hier ist `Zahl` konstant und der Zeiger zeigt auf ein konstantes Objekt. Nun ist folgendes nicht möglich:

```
*pZeiger = 50;
```

Sie können also den Wert von `Zahl` nicht über diesen Zeiger ändern.

Es ist ebenfalls möglich einen konstanten Zeiger auf ein konstantes Objekt zu erzeugen.

```
const int* const pZeiger;
```

Hier können Sie nun weder den Wert auf den `pZeiger` zeigt ändern, noch den Zeiger selbst auf ein anderes Objekt zeigen lassen.

Hinweis:
Steht das const vor dem Typ (const typ* pName), kann der Wert auf den der Zeiger zeigt nich geändert werden.
Steht das const nach dem Typ (typ* const pName), kann der Zeiger nicht auf eine andere Adresse gesetzt werden.

Ich empfehle Ihnen dringend, diesen Einführungsteil über Zeiger so lange durchzuarbeiten, bis Sie dieses Thema wirklich verstanden haben.

Zeiger und Funktionen

Sie können auch als Parameter von Funktionen Zeiger verwenden, oder einen Zeiger als Rückgabetyp definieren. Sehen wir uns zuerst an, wie man Zeiger an eine Funktion übergibt.

Wir nehmen an, dass wir in einer Funktion Swap die Werte zweier Variablen vertauschen wollen. Dazu würde uns wahrscheinlich erst einmal folgendes einfallen.

```
void Swap(int x, int y)
{
    int temp = x;

    x = y;
    y = temp;

    cout << "In Swap..." << endl;
    cout << "x: " << x << endl;
    cout << "y: " << y << endl;
```

}

Wir benötigen hier die Variable temp um den alten Wert von x zu speichern und ihn nachher y zuzuweisen. Die Ausgabe von x und y erfolgt hier nur zur Erläuterung.

Setzen Sie diese Funktion nun ein, wie es Listing 6.3 zeigt.

Listing 6.3:

```cpp
1: #include <iostream>
2: using namespace std;
3:
4: void Swap(int x, int y);
5:
6: int main()
7: {
8:     int x = 10;
9:     int y = 20;
10:
11:     cout << "In main..." << endl;
12:     cout << "x: " << x << endl;
13:     cout << "y: " << y << endl;
14:
15:     Swap(x, y);
16:
17:     cout << "Wieder in main..." << endl;
18:     cout << "x: " << x << endl;
19:     cout << "y: " << y << endl;
20:
21:     return 0;
22: }
23:
24: void Swap(int x, int y)
25: {
26:     int temp = x;
27:
28:     x = y;
29:     y = temp;
30:
31:     cout << "In Swap..." << endl;
```

```
32:    cout << "x: " << x << endl;
33:    cout << "y: " << y << endl;
34: }
```

Die beiden in den Zeilen 8 und 9 definierten integer-Variablen x und y sollen in der Funktion Swap vertauscht werden. Führt man dieses Programm aber aus, so stellt man fest, dass die variablen nur in der Funktion selbst vertauscht sind, danach jedoch nicht mehr.

Dieses Verhalten können Sie sicher selbst erklären, da Sie ja wissen, dass die Funktion nur mit Kopien der Variablen arbeitet und diese so nicht verändern kann.

Wie sorgt man aber nun dafür, dass die Variablen auch nach dem austreten aus der Funktion vertauscht bleiben?

Dazu benutzt man Zeiger. (Es gibt auch noch die Möglichkeit Referenzen zu verwenden, dazu kommen wir in Kapitel 8)

Sehen Sie sich die Funktion Swap nun mit Zeigern als Parameter an.

```
void Swap(int* px, int* py)
{
    int temp = *px;

    *px = *py;
    *py = temp;

    cout << "In Swap..." << endl;
    cout << "x: " << *px << endl;
    cout << "y: " << *py << endl;
}
```

Als Übergabeparameter haben wir nun zwei Zeiger vom Typ int definiert. temp erhält als erstes den Wert, der an der im Zeiger px gespeichert ist.

Danach wird der Wert von py dem Wert von px zugewiesen, also ist *px jetzt *py.
Schließlich erhält *py den Wert von temp, also *px.

Rufen Sie die Funktion nun auf, sehen Sie, dass auch nach dem verlassen der Funktion die beiden Variablen vertauscht sind.

Listing 6.4

```
 1: #include <iostream>
 2: using namespace std;
 3:
 4: void Swap(int* px, int* py);
 5:
 6: int main()
 7: {
 8:     int x = 10;
 9:     int y = 20;
10:
11:     cout << "In main..." << endl;
12:     cout << "x: " << x << endl;
13:     cout << "y: " << y << endl;
14:
15:     Swap(&x, &y);
16:
17:     cout << "Wieder in main..." << endl;
18:     cout << "x: " << x << endl;
19:     cout << "y: " << y << endl;
20:
21:     return 0;
22: }
23:
24: void Swap(int* px, int* py)
25: {
26:     int temp = *px;
27:
28:     *px = *py;
29:     *py = temp;
30:
31:     cout << "In Swap..." << endl;
32:     cout << "x: " << *px << endl;
33:     cout << "y: " << *py << endl;
```

```
34:  }
```

Achten Sie in Zeile 15 – beim Aufruf vom Swap – darauf, dass
Sie nun die Adressen der Variablen übergeben müssen.

Hinweis:

Diese Art der Übergabe nennt man *Call by Reference* (Übergabe als Referenz).

7 Strukturen

Bevor wir zum Herzstück von C++ kommen, der Objektorientierten Programmierung, möchte ich Ihnen noch Strukturen näherbringen.
Einige C++ Programmierer sind der Meinung, dass man Strukturen nicht mehr benötigt.

Wenn man aber mal einen Blick in die WinAPI (Windows Application Programming Interface = Windows Anwendungs Programmierungs Schnittstelle) wirft, stellt man fest, dass dort (fast) überall Strukturen auftauchen.

Da sicher viele Leser später in die Windows Programmierung einsteigen wollen, halte ich es für angebracht, hier auf strukturen einzugehen.

Strukturen deklarieren

Stellen wir uns vor, wir wollen ein Adressprogramm Programmieren. Was benötigen wir dazu?
Genau, die Daten der Personen, die im Adressbuch stehen.
Das wären Name, Vorname, Adresse und die Telefonnummer.

Wir können wir diese Daten nun speichern?
Ganz einfach, in einer Struktur. Lassen Sie uns diese Struktur einmal ansehen.

```
struct Person
{
    char*         name;

    char*         vorname;

    char*         strasse;

    unsigned int  hausnummer;

    unsigned int  plz;

    char*         wohnort;

    char*         telefon;
};
```

Eine Struktur wird in C++ mit dem Schlüsselwort `struct` erzeugt; darauf folgt der Name der Struktur, hier `Person`, gefolgt von einer öffnenden geschweiften Klammer.

In der Struktur kann man nun Daten verschiedener Typen deklarieren. Wir deklarieren Zeiger auf `char` (`char*`) für Name, Vorname, Strasse, Wohnort und Telefonnummer. In `char`-Zeigern kann man Strings, also Zeichenketten speichern, z.B so:

```
char* string = "Hallo";
```

Wir verwenden ebenfalls einen `char`-Zeiger für die Telefonnummer, damit wir auch folgendes schreiben können :
030/858854 oder 030-757584
Für den Slash (/) und den Bindestrich (-) benötigen wir Variablen vom Typ `char`.

Die Hausnummer und die Postleitzahl deklarieren wir als `unsigned int`, da beide Daten nicht negativ sein können. Beendet wird die Deklaration der Struktur mit einer schließenden geschweiften Klammer und einem Semikolon.

Nun können wir in einem Programm ganz einfach eine Instanz vom Typ `Person` deklarieren und allen Elementen der Struktur Werte zuweisen.

Die geschieht wie folgt:

```
Person Hans;
Hans.name        = "Böckisch";
Hans.vorname     = "Hans";
Hans.strasse     = "Musterstrasse";
Hans.hausnummer  = 67;
Hans.plz         = 46647;
Hans.wohnort     = "Musterstadt";
Hans.telefon     = "0123/123456";
```

Schon haben wir eine Instanz unserer Struktur erzeugt und allen Elementen Werte zugewiesen.

Der Datentyp von `Hans` ist hier `Person`, also unsere Struktur. Um auf die Elemente der Struktur zuzugreifen verwendet man den Punkt-Oprator ".". Man gibt also zuerst den Namen der Struktur (`Hans`) ein. Darauf folgt der Punkt-Oprator und schliesslich der Name des Elements (der Variablen). Nun weist man diesen Variablen Werte zu.

Schauen Sie sich Listing 7.1 an.

Listing 7.1:

```
1: #include <iostream>
2: using namespace std;
3:
4: struct Person
5: {
```

```
 6:    char*           name;
 7:    char*           vorname;
 8:    char*           strasse;
 9:    unsigned int hausnummer;
10:    unsigned int plz;
11:    char*           wohnort;
12:    char*           telefon;
13: };
14:
15:
16: int main()
17: {
18:    Person MrX;
19:
20:    MrX.name        = "X";
21:    MrX.vorname     = "Mr";
22:    MrX.strasse     = "Musterstrasse";
23:    MrX.hausnummer = 67;
24:    MrX.plz         = 46647;
25:    MrX.wohnort     = "Musterstadt";
26:    MrX.telefon     = "0123/123456";
27:
28:
29:    cout << MrX.name        << endl;
30:    cout << MrX.vorname     << endl;
31:    cout << MrX.strasse     << endl;
32:    cout << MrX.hausnummer << endl;
33:    cout << MrX.plz         << endl;
34:    cout << MrX.wohnort     << endl;
35:    cout << MrX.telefon     << endl;
36:
37:    return 0;
38: }
```

In Zeile 5 beginnt die Deklaration der Struktur Person, wie wir Sie bereits kennen.

In Zeile 19 deklarieren wir dann eine Instanz unserer Struktur mit dem Namen MrX.

Ab Zeile 21 weisen wir allen Elementen der Struktur Werte zu und geben sie ab Zeile 30 auf den Bildschirm aus. Sie bemerken sicherlich den großen Vorteil von Strukturen.

Alle Daten die zusammengehören kann man in einer Struktur ebenfalls zusammenfassen.

Strukturen und Zeiger

Es ist ebenfalls möglich, mittels Zeigern auf eine Struktur zuzugreifen.
Sehen Sie sich dazu Listing 7.2 an.

Listing 7.2

```
1: #include <iostream>
2: using namespace std;
3:
4: struct Person
5: {
6:    char*         name;
7:    char*         vorname;
8:    char*         strasse;
9:    unsigned int hausnummer;
10:    unsigned int plz;
11:    char*         wohnort;
12:    char*         telefon;
13: };
14:
15:
16: int main()
17: {
18:    Person MrX;
19:
20:    Person* pMrX = &MrX;
21:
22:    pMrX->name = "Fritz";
23:
24:    cout << pMrX->name << endl;
25:
26:    return 0;
27: }
```

In Zeile 19 deklarieren wir wieder eine Struktur MrX. In Zeile 21 deklariren wir jedoch diemal einen Zeiger auf eine Struktur vom Typ `Person` und weisen ihm die Adresse von MrX zu, nun zeigt, wie Sie wissen, pMrX auf MrX.

In Zeile 23 greifen wir über den Zeiger auf das Element `name` zu und weisen diesem den String "`Fritz`" zu.

Zeile 25 gibt `name` dann aus.

Werfen wir nun einen Blick auf das soeben programmierte. Wie man einen Zeiger deklariert, etc. wissen Sie ja bereits. Also lassen Sie uns nun ansehen, wie wir mit diesem Zeiger auf eine Struktur zugreifen.

Zuerst gibt man den Namen des Zeigers an. Darauf folgt der Operator ->, mit dem man auf die Elemente einer Struktur zugreift, wenn man Zeiger verwendet.

Der Rest ist bereits Routine.

Alternativ kann man auch

```
(*pMrX).name = "Fritz";
```

schreiben. Da man hier jedoch Klammern setzen muss, damit der Zeiger zuerst dereferenziert wird ist die erstgenannte Methode einfacher.

8 Referenzen

Nun kommen wir zu den Referenzen. Referenzen werden zum Beispiel eingesetzt, wenn man den Wert einer Variablen in einer Funktion dauerhaft verändern möchte. (So wie wir es in Kapitel 6 über Zeiger gemacht haben)

Referenzen sind sozusagen ein Synonym für eine andere bestehende Variable.
Sie werden wie folgt definiert.

```
int zahl = 10;
int &RefZahl = zahl;
```

Wir definieren zuerst eine `int`-Variable `zahl` mit dem Wert 10. Dann definieren wir eine `int`-Referenz und weisen ihr `zahl` zu. Die Definition einer Referenz erfolgt nach folgendem Schema:

```
typ Referenzoperator (&) Name
```

Wenn Sie nun den Wert von `RefZahl` verändern, wird automatisch auch der Wert von `zahl` verändert. `RefZahl` ist also praktisch nur eine andere Bezeichnung für `zahl`.

```
1: #include <iostream>
2: using namespace std;
3:
4: int main()
5: {
6:     int zahl = 10;
7:     int &RefZahl = zahl;
8:
9:     cout << "zahl: " << zahl << endl;
10:    cout << "RefZahl: " << RefZahl << endl;
11:
12:    RefZahl+=20;
13:
14:    cout << "RefZahl: " << RefZahl << endl;
15:    cout << "zahl: " << zahl << endl;
16:
17:    return 0;
18: }
```

In Zeile 7 definieren wir unsere Referenz RefZahl und weisen ihr zahl zu.

Dann geben wir jeweils den Wert von zahl und RefZahl aus, sie sind natürlich gleich.

In Zeile 12 erhöhen wir RefZahl um 20 und geben die Werte erneut aus. Auch zahl ist nun um 20 erhöht.

Alle Anweisungen, die sich auf RefZahl beziehen, wirken sich auch auf zahl aus.

Wir sehen uns nun die Funktion Swap aus Kapitel 6 an. Diesmal verwenden wir jedoch als Übergabeparameter int-Referenzen.

```
void Swap(int& px, int& py)
{
```

```
int temp = px;

px = py;
py = temp;

cout << "In Swap..." << endl;
cout << "x: " << px << endl;
cout << "y: " << py << endl;
}
```

Wie Sie sehen, entfällt hier das dereferenzieren, das bei Zeigern natürlich nötig war. Ausserdem müssen wir nun beim Aufruf der Funktion keine Zeiger übergeben (also Adressen von Variablen), sondern einfach die Variable selbst.

```
Swap(x, y);
```

So sieht der Aufruf der Funktion `Swap` mit Hilfe von Referenzen aus.

Sie sehen, dass der Aufruf der Funktion und auch die Definiton der Funktion mit Referenzen leichter zu verstehen ist.

9 Objektorientierte Programmierung

Nun sind wir bereit in die Objektorientierte Programmierung (OOP) einzusteigen. Die OOP ist praktisch das Herzstück von C++ und ermöglicht eine ganz neue Art der Programmierung. Auch dieses Thema kann für manche Leser sehr kompliziert sein, ich rate Ihnen dann kurz eine Pause einzulegen und später weiterzulesen. Los geht's...

Klassen

Stellen Sie sich vor, Sie wollen ein Auto programmiertechnisch in C++ darstellen. Ein Auto ist ein ziemlich komplexes Gebilde; es hat einen Motor, ein Getriebe, einen Auspuff, usw. usf. Wie stellt man ein Auto nun in einem C++-Programm dar?

Nun, diese Frage ist nicht ganz leicht zu beantworten, da es keine allgemeingültige Antwort dazu gibt. Es kommt immer auf den Verwendungszweck des Programms an.

Nehmen wir an, wir sollen ein Programm für einen Gebrauchtwagenhändler schreiben; was könnte dieser von einem solchen Programm erwarten? Es geht hier lediglich um die Darstellung des Autos!

Als erstes ist sicherlich das Baujahr ein Kriterium. Dann folgen:

Kilometerstand
TÜV
Preis

Ein Händler bräuchte sicherlich noch mehr Daten, aber wir wollen uns auf diese hier beschränken.

Nachdem Sie bereits Strukturen kennen, werden Sie nun sicher sagen: "Dafür sind Strukturen doch hervorragend geeignet!"
Damit haben Sie sicherlich recht, jedoch ermöglicht uns die OOP eine noch viel bessere Lösung:

Klassen

Eine Klasse vereint Daten und Funktionen.

Lassen Sie uns zum Verständnis gleich eine kleine Klasse ansehen:

```
class Auto
{
private:
    unsigned int m_baujahr;
    unsigned int m_kmStand;
    bool         m_tuv;
    unsigned int m_preis;

public:
    void SetBaujahr(unsigned int baujahr);
```

```
    void GetBaujahr();

    void SetKmStand(unsigned int kmStand);
    void GetKmStand();

    void SetTuv(bool tuv);
    void GetTuv();

    void SetPreis(unsigned int preis);
    void GetPreis();
};
```

Eine Klasse wird mit dem Schlüsselwort `class` eingeleitet, darauf folgt der Name der Klasse und eine öffnende geschweifte Klammer.

Nun folgt in unserem Beispiel das Schlüsselwort `private`. `private` bedeutet, dass nur die Funktionen dieser Klasse auf die folgenden Elemente zugreifen kann.
Das heisst, dass man diesen Elementen niemals in einer anderen Funktion, auch nicht main, direkt einen Wert zuweisen kann. Dazu muss man die Funktionen der Klasse selbst verwenden.

Die Variablen in dieser Klasse haben den Vorsatz `m_`; das steht für Member (Mitglied) und bedeutet, dass die Variable zur Klasse gehört. Sie können sich selbstverständlich eine andere Bezeichnung einfallen lassen, wenn Sie möchten.

Nun folgt das Schlüsselwort `public`, dies bedeutet, dass auf die folgenden Elemente (hier Funktionen) überall im Programm zugegriffen werden kann, daher deklarieren wir hier Funktionen um auf die `private`-Elemente der Klasse zuzugreifen.

Beendet wird die Deklaration einer Klasse, wie auch schon die einer Struktur, mit einem Semikolon.

In Listing 9.1 sehen wir die komplette Implementation der Klasse Auto, inklusive ihrer Funktionen, die bei Klassen Methoden genannt werden.

Listing 9.1:

```
1: #include <iostream>
2: using namespace std;
3:
4:
5: class Auto
6: {
7: private:
8:     unsigned int m_baujahr;
9:     unsigned int m_kmStand;
10:    bool         m_tuv;
11:    unsigned int m_preis;
12:
13: public:
14:     void SetBaujahr(unsigned int baujahr)
15:     {
16:             m_baujahr = baujahr;
17:     }
18:     unsigned int GetBaujahr()
19:     {
20:             return m_baujahr;
21:     }
22:
23:     void SetKmStand(unsigned int kmStand)
24:     {
25:             m_kmStand = kmStand;
26:     }
27:     unsigned int GetKmStand()
28:     {
29:             return m_kmStand;
30:     }
31:
32:     void SetTuv(bool tuv)
33:     {
34:             m_tuv = tuv;
35:     }
36:     bool GetTuv()
37:     {
```

```
38:            return m_tuv;
39:    }
40:
41:    void SetPreis(unsigned int preis)
42:    {
43:            m_preis = preis;
44:    }
45:    unsigned int GetPreis()
46:    {
47:            return m_preis;
48:    }
49: };
50:
51:
52: int main()
53: {
54:    Auto BMW;
55:
56:    BMW.SetBaujahr(1999);
57:    BMW.SetKmStand(120000);
58:    BMW.SetTuv(true);
59:    BMW.SetPreis(23000);
60:
61:    cout << "Baujahr: "
62:         << BMW.GetBaujahr()
63:         << endl;
64:
65:    cout << "Kilometerstand: "
66:         << BMW.GetKmStand()
67:         << endl;
68:
69:    cout << "Tuv: "
70:         << BMW.GetTuv()
71:         << endl;
72:
73:    cout << "Preis: "
74:         << BMW.GetPreis()
75:         << " Euro" << endl;
76:
77:    return 0;
78: }
```

Beachten Sie als erstes, dass hier `tuv` und `Tuv` für TÜV steht; der Compiler akzeptiert jedoch keine Umlaute.

Ab Zeile 8 deklariren wir die Member der `Auto`-Klasse, sie dienen dazu die Werte, die die Klasse verarbeitet aufzunehmen. Nur die Methoden der Klasse können darauf zugreifen, da sie mit dem Schlüsselwort `private` deklariert wurden.

Ab Zeile 14 erfolgt dann die Implementierung der Methoden (Element-Funktionen) der Klasse. Über diese greifen wir hier auf die Member der Klasse zu, können ihre Werte verändern und ausgeben. Ich denke diese Methoden sollten für Sie kein Problem darstellen. Wenn doch, schauen Sie sich bitte noch einmal das Kapitel über Funktionen an.

In der `main`-Funktion (Zeile 54) deklarien wir nun eine Instanz unserer Klasse. Eine Instanz ist etwas ähnliches wie eine Variable

```
Auto BMW;
```

entspricht in etwa

```
int Zahl;
```

also

```
Typ Name;
```

Ab Zeile 56 rufen wir die Zugriffsfunktionen der Klasse auf, um den Variablen Werte zuzuweisen. Wie schon bei den Strukturen verwendet man auch hier den Punkt-Operator ".".

Ab Zeile 61 geben wir nun die Werte aus. Die `Get`-Methoden geben jeweils den Wert einer Variablen zurück.

Wenn Sie irgendetwas nicht verstanden haben lesen Sie sich dieses Kapitel noch einmal gut durch, denn für die nächsten Abschnitte ist es wichtig, dass Sie die Grundlagen verstehen.

Konstruktor und Destruktor

Wir wenden uns nun dem Konstruktor und dem Destruktor zu; beginnen wollen wir mit dem Konstruktor

Konstruktor

Der Konstruktor wird immer dann aufgerufen, wenn man eine Instanz einer Klasse erzeugt. Er kann zum Beispiel die Variablen initialisieren und ähnliches. Verwendet man keinen Konstruktor, wie wir es in Listing 8.1 gemacht haben, so legt der Compiler automatisch einen Standard-Konstruktor an, der jedoch gar nichts macht.

Wir werden nun für unsere Klasse Auto einen Konstruktor definieren.

```
...

public:
    Auto(unsigned int baujahr,
         unsigned int kmStand,
         bool tuv,
         unsigned int preis)
    {
        m_baujahr = baujahr;
        m_kmStand = kmStand;
        m_tuv     = tuv;
        m_preis   = preis;
    }

...
```

Der Konstruktor hat immer denselben Namen der Klasse zu der er gehört. Er hat keinen Rückgabewert, nicht einmal `void`.

Wir geben als Parameter Variablen für alle Member der Klasse an, um diese zu initialisieren, wenn der Konstruktor aufgerufen wird.

Beachten Sie, dass nun vom Compiler kein Standardkonstruktor mehr bereitgestellt wird; diesen müssen wir nun ebenfalls definieren.

```
Auto(){};
```

Diese kurze Anweisung erstellt unseren Standardkonstruktor. Die geschweiften Klammern am Ende bedeuten, dass dieser Konstruktor nichts ausführt.

Um nun die Member der Klasse direkt bei der Deklaration zu initialisieren schreibt man folgendes:

```
Auto BMW(1999, 120000, true, 23000);
```

Jetzt wird automatisch der Konstruktor der Klasse aufgerufen, der die Member mit Werten belegt.
Schreiben Sie in diesen Konstruktor zusätzlich die Anweisung

```
cout << "Konstruktor wurde aufgerufen"
    << endl;
```

können Sie sehen, wann der Konstruktor aufgerufen wird.

Destruktor

Der Destruktor ist das Gegenteil des Konstruktors; er wird immer dann aufgerufen, wenn eine Instanz ihren Gltigkeitsbereich verlässt. Dies ist immer dann der Fall, wenn eine Funktion, die diese Instanz erzeugt hat verlassen wird, oder spätestens am Ende des Programms.

Ein Destruktor wird wie folgt definiert:

```
~Auto(){};
```

Sie sehen, der Name des Destruktors entspricht auch dem Namen der Klasse, jedoch mit einer vorangestellten Tilde (~). Der Destruktor tut hier gar nichts. Geben Sie nun aber bitte diese Zeilen in Ihren Quellcode ein:

```
~Auto()
{
    cout << "Der Destruktor wurde "
            "aufgerufen!"
        << endl;
}
```

Wenn Sie das Programm nun abermals ausführen sehen Sie, dass am Ende die Zeichenkette des Destruktors aufgerufen wird. Die Instanz der Klasse verliert am Ende des Programms seine Gültigkeit, daher wird der Destruktor aufgerufen.

Natürlich ist ein Destruktor nicht dazu da, eine Zeichenkette auszugeben, die besagt, dass er aktiv war; in der Praxis würde man zum Beispiel reservierten Speicher wieder freigeben.

Wir wollen nun einen kleinen Geldautomaten mit Hilfe einer Klasse implementieren. Die Klasse bekommt den Namen Geldautomat; sie soll folgende Member und Methoden haben:

Member:
m_pin

Methoden:
InsertCard

```
CheckPin
BetragWaehlen
Error
Success
```

Die Variable `m_pin` speichert unsere PIN-Nummer und ist vom Typ `unsigned short`, die Methoden der Klasse führen jeweils ganz spezielle Aufgaben aus. Was diese Methoden genau machen sehen Sie später, lassen Sie uns nun die Klassendeklaration ansehen.

```
class Geldautomat
{
private:
    unsigned short m_pin;

public:
    void InsertCard();
    bool CheckPin(unsigned short pin);
    void BetragWaehlen();
    void Error();
    void Success();
};
```

Das ist auch schon die Deklaration der Klasse; speichern Sie sie bitte in einer Datei Geldautomat mit der Endung .h, also Geldautomat.h. h steht für Header-Datei; Heaser-Dateien werden für die deklaration von Klassen, Funktionsprototypen, etc. verwendet. Mit `#include` bindet man diese Datei dann in das Programm ein.

Bisher hat unsere Klasse noch keinerlei Funktionalität, da wir die Methoden noch nicht definiert haben. Dies geschieht nun in einer Datei mit dem Namen Geldautomat.cpp.

Lassen Sie uns den gesamten Inahlt der beiden Dateien Geldautomat.h und Geldautomat.cpp ansehen:

Listing 9.2:
Geldautomat.h

```
1: // Geldautomat.h
2: #include <iostream>
3: using namespace std;
4:
5:  class Geldautomat
6:  {
7:  private:
8:      unsigned short m_pin;
9:      int            m_betrag;
10:
11: public:
12:     void InsertCard();
13:     bool CheckPin(unsigned short pin);
14:     void BetragWaehlen();
15:     void Error();
16:     void Success();
17: };
```

Listing 9.3:
Geldautomat.cpp

```
1: #include "Geldautomat.h"
2:
3: void Geldautomat::InsertCard()
4: {
5:     cout << "Bitte führen Sie "
6:              "Ihre Karte ein "
7:              "und geben Sie Ihre PIN ein: ";
8:     cin >> m_pin;
9: }
10:
11: bool Geldautomat::CheckPin(unsigned short
12: pin)
13: {
14:     if(m_pin==pin)
15:     {
16:           return true;
17:     }
18:     else
19:     {
```

```
20:              cout << "Diese PIN ist falsch!"
21:                   << endl;
22:              return false;
23:    }
24: }
25:
26: void  Geldautomat::BetragWaehlen()
27: {
28:    cout << "Waehlen Sie einen Betrag: ";
29:    cin >> m_betrag;
30:
31:    if(m_betrag>500)
32:    {
33:            Error();
34:    }
35:    else
36:    {
37:            Success();
38:    }
39: }
40:
41: void Geldautomat::Error()
42: {
43:    cout << "Geben Sie einen Betrag unter "
44:            "500 Euro ein"
45:         << endl;
46:    BetragWaehlen();
47: }
48:
49: void Geldautomat::Success()
50: {
51:    cout << "Entnehmen Sie Ihr Geld"
52:         << endl;
53: }
```

Kommen wir als erstes zu Listing 9.2.

Hier binden wir zuerst iostream ein, damit müssen wir dies weder bei Geldautomat.cpp, noch in der eigentlichen Programmdatei (die ich main.cpp nenne) tun.

Dann deklarieren wir die Klasse, wie wir es oben schon gesehen haben. Wie gesagt findet in einer Datei mit der Endung

.h im allgemeinen nur die Deklaration und nicht die Implementierung der Methoden statt.

Die Implementierung folgt in Listing 9.3.
Hier binden wir als erstes die eben geschriebene Datei `Geld-automat.h` ein.

Hinweis:
Bindet man selbst erstellte Header-Dateien in eine Datei ein, so muss der Dateiname in doppelten Anführungszeichen stehen. Dadurch sucht der Compiler die Datei im selben Ordner, wo auch das Projekt liegt. Verwendet man, wie man es zum Beispiel bei `<iostream>` macht, ein kleiner- und ein größer-als Zeichen (`<>`), so sucht der Compiler die Datei im Ordner der C++ Standard-Bibliothek.

Dann folgen die Definitionen der Funktionen. Hier geht man wie folgt vor. Zuerst gibt man den Rückgabetyp der Methode an; dann folgt der Name der Klasse, zu der sie gehört, gefolgt von zwei Doppelpunkten (das heisst, dass die Methode zu der Klasse vor den Doppelpunkten gehört).
Als letztes folgt der Name der Methode und die Parameterliste.

Nun programmiert man den Rumpf der Funktion, der die eigentliche Arbeit macht. Sehen Sie sich die Methoden an und versuchen Sie zu analysieren, was Sie tun; das sollte für Sie nun kein Problem mehr darstellen.

Wir sehen uns nun an, wie man ein Programm schreibt, das diese Klasse nutzt.

Listing 9.4:
main.cpp

```
1: #include "Geldautomat.h"
2:
3: int main()
```

```
4:  {
5:      Geldautomat Bank;
6:
7:      Bank.InsertCard();
8:      if(Bank.CheckPin(7890))
9:      {
10:             Bank.BetragWaehlen();
11:     }
12:
13:     return 0;
14: }
```

Auch in dieser Datei müssen wir wieder `Geldautomat.h` einbinden, damit uns die Klasse zur Verfügung steht. In Zeile 5 deklarieren wir dann eine Instanz der Klasse `Geldautomat`, die wir `Bank` nennen.

In Zeile 7 rufen wir die Methode `InsertCard` der Klasse auf. Diese Methode erwartet, dass man eine PIN-Nummer eingibt.

In Zeile 8 überprüfen wir über eine `if`-Anweisung, ob `Bank.CheckPin(7890)` `true` oder `false` ist; sehen Sie sich hierzu die Definition der Methode `CheckPin` an.

Ergibt die Abfrage `true` wird Zeile 10 ausgeführt und man kann einen Betrag unter 500 Euro wählen, den man abheben möchte.

Ergibt die Abfrage `false` wird eine Fehlermeldung ausgegeben; auch hierzu sollten Sie sich noch einmal die Definition der Methoden von `Geldautomat` ansehen.

Die Zahl, die `Bank.CheckPin` hier als Argument übergeben bekommt ist natürlich frei wählbar, man könnte auch eine Variable oder eine Konstante dafür hernehmen.

Wir werden nun fortfahren und uns ansehen, was konstante Methoden sind.

Konstante Methoden

Konstante Methoden verwendet man, wenn eine Methode kein Element der Klasse verändert (verändern soll).
Sehen wir uns direkt ein Beispiel an:

```
void GetZahl();
```

Wir gehen davon aus, dass diese Methode keine Variable verändert. Um nun diese Methode in eine konstante Methode zu "verwandeln", verwendet man, wie auch bei Konstanten, das Schlüsselwort `const`.

Bei konstanten Methoden schreibt man dieses `const` jedoch hinter die Parameterliste:

```
void GetZahl() const;
```

Nun kann diese Methode eine Variable nicht verändern, wenn wir es versuchen würden, würden wir eine Fehlermeldung des Compilers erhalten.

Sehen Sie sich diese neue Methode der Klasse `Geldautomat` an:

```
unsigned short Geldautomat::GetPin() const
{
      return m_pin;
}
```

Wie Sie sehen handelt es sich um eine konstante Methode. Da Sie nur den Wert von `m_pin` zurückgibt ist diese Definition auch zulässig.
Schreibt man jedoch folgendes,

```
unsigned short Geldautomat::GetPin() const
{
```

```
    m_pin = 3213;
    return m_pin;
}
```
so wird der Compiler eine Fehlermeldung ausgeben, da hier versucht wird die Variable m_pin zu verändern.

Sie sollten wann immer möglich konstante Methoden verwenden, da Sie so bei der Fehlersuche vom Compiler unterstützt werden.

Vererbung

Wir werden uns nun mit der Vererbung in C++ beschäftigen. Über Vererbung ist es möglich, Klassen von anderen Klassen abzuleiten.

Man deklariert zum Beispiel eine Basisklasse Fahrzeug und leitet davon die Klassen Auto und Fahrrad ab.

Hinweis:
Von einer Basisklasse werden andere Klassen abgeleitet.

Nun erhalten alle Klassen, die von Fahrzeug abgeleitet werden alle Elemente und Methoden der Klasse Fahrzeug. Sie erben also von dieser Klasse.

Abbildung 9.1:

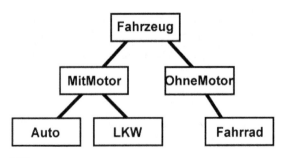

Abbildung 9.1 verdeutlicht das Prinzip der Vererbung.

`Auto` und `LKW` erben von `MitMotor`; `MitMotor` erbt wiederum von `Fahrzeug`.
`Fahrrad` erbt von `OhneMotor`; `OhneMotor` erbt von `Fahrzeug`.

Wir werden nun einmal eine kleine Klassenhierarchie implementieren. Abbildung 8.1 dient uns dabei als Vorlage.
`OhneMotor` und `MitMotor` lassen wir jedoch aussen vor, da es für uns im Moment irrelevant ist.

Wir beginnen mit der Klasse `Fahrzeug`. Ich habe mir folgende Deklaration überlegt:

```
class Fahrzeug
{
protected:
     int m_geschwindigkeit;

public:
     void Fahren();
     void Bremsen();
};
```

Natürlich kann ein echtes Fahrzeug mehr als fahren und bremsen, aber wir beschränken uns hier auf diese zwei Funktionen.
Sie haben sicherlich das Schlüsselwort `protected` bemerkt.
`protected` bedeutet geschützt und heisst in diesem Zusammenhang, dass nur abgeleitete Klassen auf die folgenden Elemente zugreifen können.
Würde man hier `private` verwenden könnten nicht mal abgeleitete Klassen auf diese Elmente zugreifen.

Wie leitet man aber nun eine Klasse von `Fahrzeug` ab?

Ganz einfach man schreibt hinter den Namen der abgeleiteten Klasse einen Doppelpunkt, gefolgt von `public` und dem Namen der Basisklasse.

Probieren wir es gleich einmal aus:

```
class Auto : public Fahrzeug
{
private:
        char* hersteller;
        char* modell;
        unsigned short ps_zahl;

public:
        void MotorStarten();
};
```

Durch diese Deklaration erbt `Auto` alle Elemente und Methoden von `Fahrzeug`. Zusätzlich werden in der Klasse noch drei weitere Elemente (`hersteller`, `modell`, `ps_zahl`) und eine weitere Methode (`MotorStarten`) deklariert.

Man kann nun über eine Instanz der Klasse `Auto` auf die Methoden der Klasse `Fahrzeug` zugreifen:

```
Auto BMW;

BMW.Fahren();
BMW.Bremsen();
```

Und man kann natürlich auch auf die eigenen Methoden zugreifen:

```
BMW.MotorStarten();
```

Eine Instanz der Klasse `Fahrzeug` kann jedoch nicht die Methoden ihrer abgeleiteten Klassen aufrufen:

```
Fahrzeug BMW;

BMW.MotorStarten(); // Fehler!!!
```

Hier wird ein Fehler angezeigt, da `MotorStarten` zur Klasse `Auto` gehört und somit nicht von einer Instanz der Klasse `Fahrzeug` aufgerufen werden kann.

Wird in einem Programm ein `Auto`-Objekt angelegt (also eine Instanz von `Auto`), wird automatisch auch der Konstruktor der Klasse `Fahrzeug` aufgerufen, da `Auto` von `Fahrzeug` erbt.

Erstellen Sie für die Klasse `Fahrzeug` folgenden Konstruktor:

```
Fahrzeug::Fahrzeug()
{
     cout << "Fahrzeug-Konstruktor...";
     cout << endl;
}
```

Für die Klasse `Auto` erstellen Sie diesen Konstruktor:

```
Auto::Auto()
{
     cout << "Auto-Konstruktor...";
     cout << endl;
}
```

Wenn Sie nun ein `Auto`-Objekt erzeugen, wird zuerst der `Fahrzeug`-Konstruktor und dann der `Auto`-Konstruktor aufgerufen.

Beim `Destruktor` ist es umgekehrt, es wird zuerst der `Auto`-Destruktor, dann der `Fahrzeug`-Destruktor aufgerufen.

Listing 9.5 zeigt ein Beispiel dazu.

Listing 9.5:

```
1:  #include <iostream>
2:  using namespace std;
3:
4:  // Fahrzeug-Klasse ///
5:  class Fahrzeug
6:  {
7:  private:
8:      int m_geschwindigkeit;
9:
10: public:
11:     Fahrzeug()
12:     {
13:             cout << "Fahrzeug-"
14:                     "Konstruktor...";
15:             cout << endl;
16:     }
17:
18:     ~Fahrzeug()
19:     {
20:             cout << "Fahrzeug-Destruktor...";
21:             cout << endl;
22:     }
23:
24:     void Fahren()
25:     {
26:             cout << "Fahr...";
27:             cout << endl;
28:     }
29:
30:     void Bremsen()
31:     {
32:             cout << "Brems...";
33:             cout << endl;
34:     }
35: };
36:
37: // Auto-Klasse ///
38: class Auto : public Fahrzeug
39: {
```

```cpp
40: private:
41:    char* hersteller;
42:    char* modell;
43:    unsigned short ps_zahl;
44:
45: public:
46:    Auto()
47:    {
48:            cout << "Auto-Konstruktor...";
49:            cout << endl;
50:    }
51:
52:    ~Auto()
53:    {
54:            cout << "Auto-Destruktor...";
55:            cout << endl;
56:    }
57:
58:    void MotorStarten()
59:    {
60:            cout << "Starte Motor...";
61:            cout << endl;
62:    }
63: };
64:
65:
66: // main ///
67: int main()
68: {
69:    Auto BMW;
70:
71:    BMW.MotorStarten();
72:    BMW.Fahren();
73:    BMW.Bremsen();
74:
75:    return 0;
76: }
```

Ich habe hier auf eine Trennung der Dateien verzichtet und alles in die Datei main.cpp gepackt; Sie sollten jedoch die Deklarationen und die Implementationen in Header- und Quelltextdateien unterteilen.

Wenn Sie dieses Programm ausführen, sehen Sie, dass immer auch der `Fahrzeug`-Konstruktor bzw. der `Fahrzeug`-Destruktor aufgerufen wird, wenn man ein Objekt vom Typ `Auto` erstellt.

Hinweis:
Der Destruktor einer Klasse kann keine Parameter übernehmen.

Methoden redefinieren

In C++ ist es möglich, dass eine abgeleitete Klasse eine Methode redefiniert, das heisst, dass diese Methode dann etwas anderes ausführt, als die der Basisklasse.

Nehmen wir an, wir wollen die Methode `Fahren` der Klasse `Fahrzeug` redefinieren, so dass die Methode `Fahren` der Klasse `Auto` etwas anderes macht, als die von `Fahrzeug`.

Eine Methode redefiniert man ganz einfach so:

```
...

void Auto::Fahren()
{
        cout << "Auto fahr...";
        cout << endl;
}


...
```

Man verwendet einfach bei der Definition einer Methode denselben Namen, wie der der Methode der Basisklasse.

Schon haben wir diese Methode redefiniert und immer wenn ein `Auto`-Objekt nun die Methode `Fahren` aufruft, wird die redefinierte Methode aufgerufen.

Über ein `Auto`-Objekt kann man nun nicht mehr so einfach die `Fahren`-Mehode von `Fahrzeug` aufrufen. Um dies zu tun muss man noch angeben, zu welcher Klasse die Methode gehört.
Daher schreibt man in diesem Fall:

```
. . .

Fahrzeug::Fahren();

. . .
```

Nun wird die `Fahren`-Methode der Klasse `Fahrzeug` aufgerufen.

Abstrakte Klassen und abstrakte Methoden

Eine abstrakte Klasse ist eine Klasse, von der man keine Instanzen bilden kann, da Sie nur anderen Klassen als Basis dient.
Bei unserer `Fahrzeug`-Klasse heisst das folgendes. Es macht wenig Sinn eine Instanz der Klasse `Fahrzeug` zu erzeugen, da man damit nicht spezifiziert, welche Art von Fahrzeug es ist. Wir leiten die Klassen `Auto` und `Fahrrad` von der Klasse `Fahrzeug` ab, also ist `Fahrzeug` hier die Basisklasse.

Diese Basisklasse kann man nun abstrakt machen. Wenn eine Klasse mindestens eine abstrakte Methode hat, ist auch die Klasse selbst abstrakt.
Wir wollen also jetzt eine abstrakte Methode definieren. Dazu nehmen wir zuerst einmal die Methode `Fahren`.

Schreiben Sie in der Deklaration der Klasse `Fahrzeug` folgendes:

```
virtual void Fahren() = 0;
```

Nun ist die Methode `Fahren` von `Fahrzeug` abstrakt und somit auch die Klasse selbst.

Versucht man nun eine Instanz dieser Klasse zu erzeugen, bekommt man eine Fehlermeldung des Compilers.

Das Schlüsselwort `virtual` vor der Methode bedeutet, dass die Methode virtuell ist und nicht in dieser Klasse definiert wird. Virtuelle Methoden werden erst in den abgeleiteten Klassen definiert. Sie sind sozusagen nur die Schnittstelle zur Methode der abgeleiteten Klasse.

Am Ende der Methode steht `= 0;` , dies bedeutet, dass es eine "rein virtuelle" oder abstrakte Methode ist.

Sehen wir uns nun ein Beispiel an.

Listing 9.6:

```
1: #include <iostream>
2: using namespace std;
3:
4: // Fahrzeug-Klasse ///
5: class Fahrzeug
6: {
7: private:
8:     int m_geschwindigkeit;
9:
10: public:
11:     Fahrzeug()
12:     {
13:         cout << "Fahrzeug-"
14:                 "Konstruktor...";
15:         cout << endl;
16:     }
```

```
17:
18:    ~Fahrzeug()
19:    {
20:            cout << "Fahrzeug-Destruktor...";
21:            cout << endl;
22:    }
23:
24:    virtual void Fahren() = 0;
25:
26:    virtual void Bremsen() = 0;
27: };
28:
29: // Auto-Klasse ///
30: class Auto : public Fahrzeug
31: {
32: private:
33:    char* hersteller;
34:    char* modell;
35:    unsigned short ps_zahl;
36:
37: public:
38:    Auto()
39:    {
40:            cout << "Auto-Konstruktor...";
41:            cout << endl;
42:    }
43:    ~Auto()
44:    {
45:            cout << "Auto-Destruktor...";
46:            cout << endl;
47:    }
48:
49:    void MotorStarten()
50:    {
51:            cout << "Starte Motor...";
52:            cout << endl;
53:    }
54:
55:    void Fahren()
56:    {
57:            cout << "Fahr...";
58:            cout << endl;
59:    }
```

```
60:    void Bremsen()
61:
62:    {
63:            cout << "Brems...";
64:            cout << endl;
65:    }
66:  };
67:
68:
69: // main ///
70: int main()
71: {
72:    Auto BMW;
73:
74:    BMW.MotorStarten();
75:    BMW.Fahren();
76:    BMW.Bremsen();
77:
78:    return 0;
79: }
```

In den Zeilen 24 und 26 deklarieren wir die zwei abstrakten Methoden `Fahren` und `Bremsen`. Wir müssen nun diese beiden Methoden in der abgeleiteten Klasse `Auto` redefinieren, was wir in den Zeilen 55 bis 65 tun.

Die Klasse `Fahrzeug` kann man jetzt nur noch als Basisklasse verwenen.

Die abstrakten Methoden einer Basisklasse müssen, wie bereits gesagt, in den abgeleiteten Klassen redefiniert werden.

Hinweis:
Da dies ein Buch für Anfänger in der Programmierung ist, werde ich hier nicht weiter auf dieses Thema eingehen. Sie sollten nun in der Lage sein, selbst einfache und auch komplexere Programme zu schreiben.

Ich empfehle Ihnen, sich nun das ein oder andere Buch für Fortgeschrittene zu kaufen. Eine Liste von guten Büchern finden Sie im Anhang.

Ich hoffe, Sie hatten beim lesen dieses Buches soviel Freude,
wie ich beim schreiben.
Ich wünsche Ihnen nun weiterhin alles gute,

Ihr

Florian Wollenschein.

Anhang

A

C++ Schlüsselwörter:

Hier finden Sie eine Auflistung der Schlüsselwörter von C++; diese Wörter dürfen Sie nicht als Variablennamen oder sonstiges verwenden.

auto	new
break	operator
case	private
catch	protected
char	public
class	register
const	return
continue	short
default	signed
delete	sizeof
do	static
double	struct
else	switch
enum	template
extern	this
float	throw
for	typedef
friend	union
goto	unsigned
if	virtual
int	void
long	volatile
mutable	while

B

ASCII-Tabelle:

Die ASCII (American Standard Code for Information Interchange) Tabelle enthält 255 verschiedene Zeichen, die durch Codes (Zahlen) definiert sind. Um diese Codes zu verwenden muss man Alt gedrückt halten und dann den Code eingeben; danach lässt man Alt wieder los.

Beispiel:

E: Alt + 69

Sehen Sie sich die folgende Tabelle an. Da die ersten 32 Codes für Computerinterne Befehle stehen, lasse ich sie hier weg.

ASCII	Zeichen	ASCII	Zeichen
033	!	147	ô
034	"	148	ö
035	#	149	ò
036	$	150	û
037	%	151	ù
038	&	152	ÿ
039	'	153	Ö
040	(	154	Ü
041	)	155	ø
042	*	156	£
043	+	157	Ø
044	,	158	×
045	-	159	ƒ
046	.	160	á
047	/	161	í
048	0	162	ó
049	1	163	ú
050	2	164	ñ
051	3	165	Ñ

052	4	166	ª
053	5	167	º
054	6	168	¿
055	7	169	®
056	8	170	¬
057	9	171	½
058	:	172	¼
059	;	173	¡
060	<	174	«
061	=	175	»
062	>	176	
063	?	177	
064	@	178	
065	A	179	
066	B	180	
067	C	181	Á
068	D	182	Â
069	E	183	À
070	F	184	©
071	G	185	
072	H	186	
073	I	187	
074	J	188	
075	K	189	¢
076	L	190	¥
077	M	191	
078	N	192	
079	O	193	
080	P	194	
081	Q	195	
082	R	196	
083	S	197	
084	T	198	ã
085	U	199	Ã
086	V	200	
087	W	201	
088	X	202	
089	Y	203	
090	Z	204	
091	[	205	

092	\	206	
093	]	207	¤
094	^	208	ð
095		209	Đ
096	`	210	Ê
097	a	211	Ë
098	b	212	È
099	c	213	ı
100	d	214	Í
101	e	215	Î
102	f	216	Ï
103	g	217	
104	h	218	
105	i	219	
106	j	220	
107	k	221	¦
108	l	222	Ì
109	m	223	
110	n	224	Ó
111	o	225	ß
112	p	226	Ô
113	q	227	Ò
114	r	228	õ
115	s	229	Õ
116	t	230	µ
117	u	231	þ
118	v	232	Þ
119	w	233	Ú
120	x	234	Û
121	y	235	Ù
122	z	236	ý
123	{	237	Ý
124			238	¯
125	}	239	´
126	~	240	-
127		241	±
128	Ç	242	
129	ü	243	¾
130	é	244	¶
131	â	245	§

132	ä	246	÷
133	à	247	‚
134	å	248	°
135	ç	249	¨
136	ê	250	·
137	ë	251	1
138	è	252	3
139	ï	253	2
140	î	254	
141	ì	255	
142	Ä		
143	Å		
144	É		
145	æ		
146	Æ		

C

Antworten zu den Übungen:

1. Kapitel 1, Seite 22

a) Das Semikolon nach `endl` fehlt: `... endl;`

b) Die Raute (#) vor `include` fehlt: `#include`

c) Die Klammern nach main fehlen: `int main()`

d) Die Anführungszeichen vor und nach `Hallo Welt` fehlen: `"Hallo Welt"`

2. Kapitel 2, Seite 36

a) Der Buchstabe `F` muss in einfachen Anführungszeichen stehen: `cout << 'F';`

b) Beim Steuerzeichen `\n` muss ein Backslash gesetzt werden, kein Slash:
Richtig: \   Falsch: /

c) In einer `short`-Konstante kann kein Fließkommawert gespeichert werden.

d) in einer `short`-Variable kann nicht der Wert `65300` gespeichert werden, dazu braucht man eine `unsigned` `short`-Variable.

e) Nach der `#define`-Anweisung darf kein Semikolon stehen, da es sich um eine Präprozessoranweisung handelt.

3. Kapitel 3, Seite 58

1. Dieses Programm könnte so aussehen:

```
/*
     Km/h Berechner
*/


#include <iostream>
using namespace std;


int main()
{
     unsigned int strecke;
     double zeit;
     unsigned int speed;
     int eingabe;
     bool running = true;

     while(running)
     {
          cout << "<1>Programm STARTEN"
               << endl;

          cout << endl;
          cout << endl;

          cin >> eingabe;

          cout << endl;
          cout << endl;


          if(eingabe==1) //Programm starten
          {
     cout << "Geben Sie die Strecke "
          "in Kilometer ein: "
```

```
              << endl;

      cin >> strecke;
      cout << endl;

      cout << "Geben Sie die Zeit "
             "in Stunden ein: "
          << endl;

      cin >> zeit;
      cout << endl;

      speed = strecke/zeit; //Km/h Berechnung

      cout << "Die durchschnittliche "
             "Geschwindigkeit betraegt: "
          << speed << "Km/h."
          << endl;

      cout << endl;
      cout << endl;

      }
      else
      {
             cout << "Keine gueltige Eingabe";
             cout << endl;
      }
  }
      return 0;
}
```

Selbstverständlich kann Ihr Programm anders aussehen, da es viele Möglichkeiten gibt, ein solches Programm zu programmieren.

a) Nach den runden Klammern der `while`-Anweisung darf kein Semikolon stehen, da dies eine leere Anweisung ist und

somit solange wie `i` kleiner oder gleich `34` ist nichts ausgeführt wird.

b) Hier wird bei dem Ausdruck in Klammern der Zuweisungsoperator verwendet, was dazu führt, das `z` der Wert `10` zugewiesen wird und somit die `if`-Anweisung in jedem Fall ausgeführt wird.

c) Hier wurde der Umleitungsoperator bei `cin` falsch herum
gesetzt.

4. Kapitel 4, Seite 74

a) Hier wurden in der Parameterliste Semikola gesetzt, was
nicht zulässig ist.

b) Dies ist nicht erlaubt, da nur der Rückgabetyp der Funktionen anders ist. Man kann Funktionen jedoch nicht anhand des
Rückgabetyps überladen.

c) Hier dürften `a` und `b` nur einen Standardwert erhalten, wenn
auch `c` einen hätte, was hier jedoch nicht der Fall ist.

D

<u>Literatur-Empfehlungen:</u>

Bjarne Stroustrup, Die C++-Programmiersprache,
Addison-Wesley, ISBN 3-8273-1660-X

Scott Meyers, Effektiv C++ programmieren, Addison-Wesley,
ISBN 3-8273-1305-8

Peter Wollschlaeger, C++ - Der leichte Einstieg,
Markt + Technik, ISBN 3-8272-6501-0

E

Internet-Links:

Compiler:

http://www.mingw.org

http://sourceforge.net/projects/dev-cpp

http://www.bloodshed.net/dev/devcpp.html

Zu C++:

http://www.cplus-plus.de

http://www.cpp-tutor.de

Anderes:

http://www.robsite.de
Sehr gute Seite zu allen möglichen Programmiersprachen, insbesondere zur Spieleprogrammierung.

F

Glossar:

Abgeleitete Klasse
Eine Klasse, die von einer anderen Klasse erbt.

Abstrakte Klasse
Eine Klasse mit mindestens einer rein virtuellen, also abstrakten, Methode. Von einer abstrakten Klasse können keine Instanzen erzeugt werden. Die abgeleiteten Klassen einer abstrakten Klasse müssen die Methoden redefinieren.

ANSI
Abkürzung für American National Standards Institute, die unter anderem die Sprache C++ spezifiziert.

Basisklasse
Klasse, von der andere Klassen erben.

call by reference
Übergabe als Referenz. Wird verwendet, wenn man Funktionen nicht den Wert selbst, sondern lediglich einen Verweis darauf übergibt.

call by value
Das Gegenstück zu call by reference. Hier wird der Wert selbst übergeben.

Dereferenzierung
Zugriff auf den Inhalt von Speicheradressen über Zeiger.

Destruktor
Mthode einer Klasse, die automatisch aufgerufen wird, wenn ein Objekt der Klasse gelöscht wird.

Element
Mitglied (Member) einer Klasse. Sowohl Daten als auch Methoden.

Funktion
Eigenständiges Programm, dem man Parameter übergeben kann und das einen Wert zurückgeben kann.

Global
Globale Elemente (Variablen, Konstanten, etc.) stehen überall im Programm zur Verfügung. Sie sind außerhalb von Funktionen definiert.

Header-Datei
In Header-Dateien werden Funktionsprototypen, Klassen, usw. deklariert. Sie werden über #include in eine andere Datei eingebunden und haben die Endung ".h".

Instanz
Objekt einer Klasse.

Klasse
Struktur, die Daten und Funktionen, die mit diesen Daten arbeiten, zusammenfasst.

Konstante
Ein, durch einen Namen bezeichneter Speicherbereich, in dem ein Wert abgelegt wird, der während der Laufzeit des Programms nicht verändert werden kann.

Konstruktor
Methode einer Klasse, die aufgerufen wird, wenn ein Objekt dieser Klasse erzeugt wird.

Lokal
Variablen und Konstanten, die in einer Funktion deklariert sind, sind lokale Daten. Sie stehen nur in dieser Funktion zur Verfügung.

Methode

Funktion, die in einer Klasse deklariert ist.

Objekt

Bezeichnung für die Instanz einer Klasse.

OOP

Abkürzung für Objektorientierte Programmierung.

Operator

Zeichen, mit dem Operationen ausgeführt werden, beispielsweise der Operator "+" für die Addition.

Pointer

Englische Bezeichnung für Zeiger.

Präprozessor

Dieser läuft noch vor dem Compiler und führt die sogenannten Präprozessoranweisungen, die mit einer Raute beginnen, aus.

Quelltext

Der C++ Code wird Quelltext genannt.

Referenz

Eine andere Bezeichnung für ein bestehendes Objekt.

Struktur

Mehrere Elemente, die zusammen gehören, werden in einer Struktur zusammengefasst.

Variable

Ein, durch einen Namen bezeichneter, Speicherbereich, in dem man einen Wert ablegt. Dieser Wert kann immer wieder verändert werden.

Vererbung
Leitet man eine Klasse von einer bereits bestehenden Klasse ab, so spricht man von Vererbung. Dabei "erbt" die abgeleitete Klasse alle Elemente und Methoden der Basisklasse.

Zeiger
Eine Variable, die die Adresse einer Variablen, Konstante usw. aufnehmen kann.

Stichwortverzeichnis

www.ingramcontent.com/pod-product-compliance
Lightning Source LLC
La Vergne TN
LVHW022320060326
832902LV00020B/3577